自民党 失敗の本質

石破 茂、村上誠一郎、内田 樹 ほか

宝島
SUGOI
文庫

宝島社

はじめに

自民党による長期政権が続いている。

統一教会との癒着が赤裸々になり、閣僚の辞任も相次ぎ、防衛費倍増にともなう増税をぶち上げ、パーティー券のキックバックで、岸田文雄政権の支持率は「最低」を更新し続けている。しかし、そこで出てくるのはポスト岸田、つまり自民党の〝次の顔〟は誰なのか、という話題ばかり。「政権交代」の4文字が浮かび上がることは、まずない。

止まらない物価高、不安定な雇用、広がる格差、お粗末なデジタル改革、公文書や統計データなどの改ざん、人口減少、破綻寸前の社会保障システム――。日本が直面する政治課題は枚挙にいとまがない。

生活は苦しくなる一方で、国民の忍耐も限界を迎えつつあるというのに、政治の風景は今、絶望的なまでに「焼け野原」の状態だ。万年与党と万年野党の嚙《か》み合わない議論、茶番のようなやり取りが続き、空転する国会。日本という〝船〟が沈没しつつあるのを、半ば当事者意識を失いながら眺めている私たち。

　この国は、中国や旧ソ連、ナチス・ドイツのような一党独裁制を採ってはいない。言わずもがな、自民党は公正な自由選挙の下に、かくも揺るぎない長期政権を維持し続けてきた。「思考停止」しているのは、果たして誰なのか。与党なのか、野党なのか、あるいは私たち有権者なのか。

　本書のインタビューにおいて、石破茂氏（自民党・衆議院議員）は、評論家・山本七平の言葉を借りつつ、防衛費倍増を急ぐ岸田政権を突き動かすものの正体について、「誰でもないのに誰よりも強い、〝空気〟ではないか」と語った。〝空気〟という妖怪に踊らされる政権に、私たちはいったい、何を託そうとしているのだろうか。絶望などしている場合ではない。船が沈没する前に、この〝空気〟の正体を見極めなければならない。

宝島社文庫編集部

※四章以降については取材時が菅政権下であった2021年8月～9月であり、時代性が刻印されていますが、政治への指摘の鋭さを生かすため、ほとんど修正せずに掲載しています。

第五章 「言論空間」の機能不全が自民党を脆弱化させた

石破 茂（自民党・衆議院議員）

第六章　自由闊達な議論がなくなれば民主主義は容易にファシズム化する

村上誠一郎（自民党・衆議院議員）

第七章　権力に酔った「官邸の暴走」が招いた茶番政治

前川喜平（元・文部科学事務次官／現代教育行政研究会代表）

第八章　信念を語る政治家はなぜ自民党から消えたのか

小沢一郎（立憲民主党・衆議院議員）

装丁　妹尾善史（landfish）
本文DTP／ユニオンワークス

第一章

理念なき「対米従属」で権力にしがみついてきた自民党

白井 聡（政治学者・京都精華大学准教授）

「米国は日本にとって唯一の同盟国」

安倍晋三首相（当時）は2019年2月、衆議院の予算委員会において、そう語った。トランプ大統領（当時）をノーベル平和賞に推薦したのか否かについて、立憲会派の議員から突っ込まれた際の答弁である。

「米国は日本にとって唯一の同盟国であり、その国の大統領に対しては一定の敬意を払うべきであろう、私はこのように思うわけでございます。御党も政権を奪取しようと考えているのであればですね」と答えたのだ。

日本の同盟国はアメリカを措《お》いて他にない。世界における日本の居場所はそこにしかない。これほどの孤独を抱え込んだ国があるだろうか――。そのように指摘するのは、思想史家で政治学者の白井聡《さとし》氏だ。アメリカの軍隊を自国の領土に半永久的に置き続け、アメリカに従属することで生き永らえてきた日本。安倍氏の発言は、この国が置かれている〝現実〟を図らずも露呈する形となった。

日本がかつて、「対米自立」を模索したことはあったのか。それは実現可能なものとして日本の政権に認識されたことはあったのか。白井氏に聞いた。

（取材日：２０２２年12月17日）

――日本の戦後はアメリカと一体となることで、安全保障をアメリカにお任せして経済発展に邁進《まいしん》できたのだということがしばしば言われてきましたが、日米関係は「同盟関係」に収まらない独特な密着性を感じます。

白井　日米関係の意味合いについて理解するには、戦後の自民党の成り立ちのところまでさかのぼって考えざるを得ません。

１９５５年、自由党と日本民主党という2つの保守政党が合同して自由民主党（自民党）が結党されましたね。当時はサンフランシスコ講和条約が締結されてから4年、アメリカによる占領が終わってから3年が経過していました。戦後の日本がだんだんと経済成長を本格化させる時期でしたが、東西対立が深まっていくという構造の中で日本の左派社会党と右派社会党が１９５５年10月に統一されます。親ソ連的な社会党がさらに強力になっていくことに刺激を受け、「保守勢力も大きな塊にならなければならない」という危機感からの保守合同でした。

当時、吉田茂の系譜の自由党と、鳩山一郎の系譜の民主党はさまざまな確執を抱えていました。彼らをひとつにまとめるには、かなり大掛かりな工作が必要だった。そのための資金が、アメリカのCIAから流れ込んできていたということはよく知られていることです。それにより、非常に強力な保守政党が誕生します。つまり、アメリカが強く望んで生まれた保守統一政党であったという点が重要です。アメリカにとって、日本が社会主義陣営に走ってしまうとか、中立の立場になってしまうということは絶対に避けなければならなかった。なぜなら、アメリカにとっての日本は、太平洋戦争という大きな犠牲を払って獲得した戦利品ですから、それを手放すわけにはいかないのです。

アメリカによる〝自民党支配〟の歴史的起源とは

――そのアメリカの意思が形として現れたのが自由民主党だったということですね。

白井　本来であれば、1951年のサンフランシスコ講和条約をもって国家主権が回復するはずだった。国家が主権回復するということは、通常であれば外国の軍隊はいなくなることを意味するはずなのですが、アメリカとしては日本を引き続きしっかり押さえておく必要があった。そこでサンフランシスコ講和条約と「ワンセット」として日米安保条約が結ばれ、米軍の駐留は継続することになった。そして政治の面では、強力な親米保守政党を誕生させ、権力を委ねた。つまり極端な言い方をすれば、自民党はアメリカの「日本窓口」としての役割を、誕生の瞬間から担わされていたということです。

とはいえ、当時の自民党は、多様な政治的傾向を持つ人たちがたくさん集まっていました。実際、自民党最初の総裁となった鳩山一郎は、党内の親米派の反対を押し切ってソ連との関係構築に動きました。日ソ国交回復を花道に彼は引退します。

その後、激しい総裁選の結果、岸信介を上回って次の総理の椅子に座ったのが石橋湛山《たんざん》でした。彼はもともと経済ジャーナリストで、戦前から、「日本の植民地経営は割に合わない、植民地を全部捨てるべき」といった論を掲げていた言論人でした。戦中もギリギリのところで弾圧を逃れながら、けっして筆を曲げなかった。戦後は、吉田茂政権で大蔵大臣を務めましたが、「駐留費の過剰な負担はダメだ」といったことをアメリカに対してはっきりと主張できる人物だったがゆえに一時は公職追放の憂き目にも遭ったという気骨の人でした。

石橋は東西対立を絶対視しておらず、首相になるとすぐにアメリカ一辺倒ではダメだ、と発言します。見識、倫理観、首尾一貫性など、戦後の宰相の中で群を抜いた人物だったと言えます。残念ながら病気に罹《かか》り、石橋政権は短命に終わります。そして棚ぼた式に総理大臣の座を得たのが岸信介だった。きわめて悪運の強い男だったと言えます。

――A級戦犯被疑者でありながら、なぜか無傷のまま獄中から返り咲きました。

白井　裁判にすらかけられずに無罪放免になったわけですから、「謎」ですよね。彼は東條英機内閣の重要閣僚として、いわゆる軍需物資の調達なども含めて国の産業を指揮監督する立場でしたから、戦争遂行に深く関わっていたと言わざるを得ず、無罪放免を勝ち取るには何らかの取り引きがあったと考えるしかありません。

これについては、岸自身が獄中で残した手記がヒントになります。塀の外では、中国で共産主義政権が成立し東西対立がどうも激しくなっているようだが、もっともっと燃え上がれば俺にも再起を果たすチャンスが巡ってくるぞ、と書いています。そして実際にそうなっていったわけです。

東西対立が激しくなっていく中で、アメリカにとっての日本の占領政策の優先順位に変化がもたらされました。民主化を進めれば進めるほど、共産党や社会党などの親ソ的あるいは容共的な勢力が拡大してきてしまう。アメリカは国是であるデモクラシーを日本に移植したいと思いつつも、それをやると〝戦利品としての日本〞を失いかねないというジレンマに陥りました。そして結局、民主化よりも反共の防波堤としての役割を求めるということに優先順位が入れ替わった。この転換が世に言う「逆コース」ですが、それは朝鮮戦争の勃発によって決定づけられました。

日本を誰に仕切らせるかということについて、GHQの内部でも、民主化を重視する派と反共主義を重視する派との間で激しい権力闘争が起きていました。結局、反共派が勝利したことで、GHQは戦前戦中の日本の保守勢力を呼び戻して再起用していきます。その中でもとりわけ重要な存在が岸信介だったということです。本来逃れようのない罪（A級戦犯）から助け出してやることで、アメリカは岸に大きな恩を売ったことになりました。そして、彼はその恩に報いるように、汗をかいて自由党と民主党の合同に奔走します。早い話が、今日まで続く自民党支配の歴史的起源は逆コースにあるのです。このことはどれほど強調しても強調し足りません。

石橋湛山が倒れたことで総理総裁の座を得た岸は、大きな反対運動を乗り越えて1960年の日米安保改定に漕ぎ着けます。混乱の責任を取って内閣は総辞職しますが。

――1960年安保は、1951年安保条約よりも相対的には日米関係がやや対等になったという評価もありますが。

白井　1951年安保には、国内で民衆の反乱などが生じたらアメリカが実力介入すると定めた内乱条項などもあり、日本の国家体制を決めるのは日本国民ではなく米軍だということが露骨に示されたものだったわけで、それと比較すれば、1960年安保は占領的な性格が多少削ぎ落とされたという一面はあります。しかし、この改定によって日米安保体制が無期限に続くことが運命づけられたと思います。もしも米軍がいずれ出て行くものであれば51年安保を改定する必要はなかったはずです。結局は、この改定によって、けっして対等ではあり得ない関係を永続化させていくことになりました。

――従属的な日米関係を続けていくことを選んだということですね。とはいえ、一旦は対米従属するけれども、その先には対米自立を目指していくという考えがあったわけですよね。

白井　ありましたね。いずれは憲法を改正して正面からの再軍備を果たし、対等な軍事同盟にしていこうという考えがあった。現実問題として、我々のことを戦利品だと思っているアメリカに対して、今すぐ出て行けと言ったところで出て行くわけがないから、まずは一歩ずつ、という考えもあったことでしょう。その意味では、戦後初期に大きな仕事をした保守系の政治家としては、吉田茂、鳩山一郎、岸信介の名前が挙げられると思うのですが、彼ら3人の共通点は、対米従属を通じた対米自立を志向していたということだと思います。

朝鮮戦争が始まる中、アメリカの再軍備要求を吉田茂が押し返したのは、彼が新憲法の価値観を大切にしていたからというわけではなく、当時の時代状況として、「日本が本格的な再軍備などできるはずない」ということがわかっていたからです。食うや食わずの焼け野原からの出発で、当然ながら、国民の間にも厭戦《えんせん》感情が強くありました。この国をどう立て直すかということが喫緊の課題だったわけで、再軍備など後回しにして経済発展に100%注力していかなければ、自分たちの政権ももたない、というのが吉田茂の判断だった。その妥協の産物として警察予備隊を作らされるわけですが……。

いずれは国家の自然権として軍事力を持つのは当然だということは吉田も考えていたわけで、ここにおいては岸の考え方と大差ないでしょう。タイミングの問題にすぎないのです。

自主外交を試みて、アメリカの逆鱗《げきりん》に触れた角栄

――岸首相は総理の椅子を犠牲にして1960年安保を改定しましたから、ある意味

でアメリカの恩に報いたとも言えそうですね。その後はベトナム戦争が泥沼化したこともあり、日本国内でも反戦感情が高まり１９７０年安保に向けた反対運動が一気に加速しますが。

白井　１９７０年代初頭までの日本社会と現在との根本的な違いとして、当時は反米勢力がかなり強かった、ということが言えるでしょう。議会では社会党が野党第一党の存在感を示していましたし、共産党もそれなりの議席を持ち、若年層においては学生運動が活発だった。彼らは社会主義的なものにある種の憧憬を抱いていたのと同時に、強い反米感情を抱いていました。

当時のアメリカは、日本の若年層が総じて反米的であることに強い懸念を抱いていました。この連中が社会に出て権力を持つ世代になったときに、日本は親米国家であることをやめてしまうのではないか、という危惧を抱きます。そこで、日本の世論を親米化する工作のために日本通のライシャワーが駐日大使として送り込まれてくるなどしました。アメリカの魅力、民主主義などを積極的に喧伝《けんでん》するためです。

――結果として、学生運動が連合赤軍事件という形で社会に衝撃を与えたこともあり、

反米運動は一気に失速していきます。

白井　経済成長をうまく取り仕切っているということで、自民党の政権基盤は強化されていきます。佐藤栄作政権は沖縄返還を実現させましたから、「アメリカは友好的に付き合っていけば話のわかる相手なんだ、一度ぶん取った領土もちゃんと返してくれるじゃないか」というイメージを作ることにも成功します。ベトナム戦争の終結も反米感情の低下に寄与しました。

――返還と言っても、基地を本土並みに減らすといった肝心の要求は叶《かな》えられませんでした。

白井　しかも、実は沖縄返還を先に持ちかけているのはアメリカですからね。いつまでも返還要求してこない日本に困惑して、「お前ら、そろそろ返還要求しろよ」とケツを叩《たた》かれた形で実現しただけ。佐藤栄作の手柄でもなんでもありません。

――とはいえ、経済も成長し沖縄返還も実現したことで、国民の側にも「アメリカとうまくやっていったほうが、いろいろといいことがありそう」という感覚が浸透していった？

白井　吉田茂が敷いた経済優先路線が成功したということでしょう。しかし、それは反面で虚構なのです。究極的にはアメリカは優しい庇護者《ひご》なんかではない。

そこで特筆すべき存在は田中角栄です。ロッキード事件で力を失っていきますが、彼の失脚の最大の理由は実は中国国交正常化にあったということを、ジャーナリストの春名幹男先生が『ロッキード疑獄　角栄ヲ葬リ巨悪ヲ逃ス』（KADOKAWA、2020年刊）で明らかにしています。米中電撃国交樹立か、ということが取り沙汰されたときに、角栄はいち早く日中交渉をまとめ上げ中国との国交を正常化させましたが、これがキッシンジャー大統領補佐官の逆鱗に触れた。「こっちがまだ手探りしている状態なのに、勝手に進めて自分たちを振り回した。敗戦国の分際でふざけるな」というわけです。

角栄はソ連とも関係を改善しようと動いていましたから、ある意味で石橋湛山のような全方位外交をやろうとしていました。アメリカからも許可を取ったつもりだったけれども、アメリカは全然納得していなかった。そこでロッキードの案件が爆発した。今から見れば、角栄はあまりに無防備だったということでしょう。そして、戦後の最大のフィクサーの一人であり、岸と同じく、A級戦犯被疑者で不起訴放免された経歴を持つ児玉誉士夫を利用する形で、アメリカとのパイプ役となってロッキード事件の裏側にある真相のもみ消しを図ったのが中曽根康弘でした。

対米交渉のカード＝反米勢力を、自ら叩き潰した中曽根

――この頃にも、まだ対米従属を通じた対米自立を目指すということが自民党の中に意識として共有されていたのでしょうか。

白井　そのあたりの空気みたいなものはよくわかりませんが、ある時期までは、保守の政治家たちも国内の反米勢力の強さを自覚的に対米交渉カードにしてきたことはたしかです。吉田茂がアメリカからの再軍備の要求を拒んだときや、岸信介が安保改定を申し入れる際など重要な局面で、「自分たちがこの勢力を抑え込んでいる」ということで存在感を示し、反米勢力の強さを利用して戦略的に立ち回ろうとしていました。

アメリカとしても、日本には「反共の砦《とりで》」として機能してもらわなければならず、

自民党にコケられてしまったら元も子もない。だから、一定程度譲歩せざるを得なかったわけです。

戦後日本の大衆的対米感情を考えるためには、そもそもアメリカなるものが敗戦と同時に洪水のように入ってきたとき、それは大変に両義的なものだったことを忘れてはならないでしょう。それは日本人を大量に殺し、打ち負かし、そして従属させている暴力としてのアメリカと、底抜けに明朗で豊か、自由で民主主義的な、文化としてのアメリカです。この２つの面が同時に入ってきた。戦後の日本人には、文化としてのアメリカに憧れ魅了されつつ、暴力としてのアメリカを嫌悪し恐怖する、というアンビバレントな感情があったわけです。１９６０～70年代当時は、文化としてのアメリカと、暴力としてのアメリカという、両義的な対米感情を日本人がまだ持っていたと思います。そうしたアンビバレントな感情の中で、ネガティブなものが反米主義的な政治運動として現れていた。

ところが、中曽根政権の頃には、このアンビバレントが解消されている。敗戦の痛みはすでに癒え、ベトナム戦争も過去のものとなる中で、暴力としてのアメリカという側面がどんどん見えなくなっていったのです。

――もはや、アメリカは「抗う対象」ではなくなっていったと。

白井　その象徴が東京ディズニーランドですよね。あそこはいったん中に入ると外界がいっさい見えないようになっています。文化としてのアメリカだけを見て、ただ恩恵を享受すればいいんだという、一種の繭のような世界の中に入って、その外側にあるもの、すなわち暴力としてのアメリカを見なくなっていった。

その時点から、戦後日本の文化も没落してダメになり始めたような気がしています。たとえば、手塚治虫は、もともとディズニーのアニメーションにものすごく魅せられているわけですよね。「文化としてのアメリカ」を取り入れつつ、そのうえで何を表現するのかと言えば、反戦思想なんです。文化としてのアメリカを使って暴力としてのアメリカに抗うという仕事をしていた。ある意味で矛盾に満ちた戦いですが、そういった葛藤にこそ文化の源泉があるわけです。ここで葛藤を失えば、文化的には幼稚化し衰退していくしかなくなる。その象徴が、外界のいっさい見えない夢の国、ディズニーランドだったように感じます。

――それは政治も同じということですか？　対米自立のための対米従属という葛藤が、中曽根政権あたりからなくなっていったということでしょうか。

白井　そういうことです。やがては自立するために従属している、自立する力を蓄えるために従属しているはずだったのが、何のために従属しているのかよくわからなくなってきた。中曽根はもともと対米自立派のはずでしたが、首相の座に就いた途端にレーガン大統領に擦り寄って、ロン（ロナルド・レーガンの愛称）・ヤス（中曽根康弘の愛称）の蜜月ぶりをアピールして喜んでいました。

何よりも大きい変化をもたらしたのは、彼の政策によって社会党が一気に弱体化したことでしょう。中曽根政権が国鉄民営化を推し進めたことで、社会党の最大の基盤である国労（国鉄労働組合）が潰れました。国鉄民営化の第一の目的は、累積赤字問題の解消ではなく労働組合の解体にありました。これは中曽根本人がのちに証言していることです。共産党以外の組織的な反米勢力が、壊滅に向かい始めた。

――その後、間もなくしてソ連が崩壊し、東西冷戦が終わります。

白井　だから、中曽根は「最も間抜けなことをやった戦後の首相」ということになります。財政赤字に苦しむアメリカを助けて、東西対立の終焉《しゅうえん》をアシストしたのですから。東西対立があればこそ、アメリカは反共の砦として日本を大切にせざるを得ず、日本はアジア随一のアメリカの子分という居心地のいいポジションを手にすることができていたというのに、冷戦構造は崩れ、自民党にとっての対米カードだった国内の反米勢力も壊滅的になってしまった。つまり、中曽根は自ら進んで対米カードを捨ててしまったと言えるでしょう。

――アメリカにとって日本の重要性は一気に下がってしまった。本当はその時こそ、対米自立のチャンスだったのかもしれませんが。

白井　１９９０年前後に根本的に情勢が変わってしまったわけですよね。ソ連が崩壊したことで、対米従属を続ける具体的な理由がなくなり、日米安保条約も存在理由を失ってしまいました。親米保守というわけのわからない立ち位置も、ソ連があればこそ「今は共産主義という最悪なものと対抗するために、一時的にアメリカと組むのも仕方がない」という言い訳ができたのですが、ソ連が崩壊することで親米保守というポジションがそもそも成り立たなくなった。だから、自民党は党の原理をここで失ったと言えます。

本来自民党は、改憲派もいれば護憲派もいる、親中派もいれば親台派もいるなど、さまざまな色合いの人たちが、「とにかく共産主義はダメだよね」という一点で集まっていたわけです。ところが、ソ連崩壊によって、その中核的な原理が失われてしまいました。それ以降、自民党は迷走するしかなくなっていきます。

――その後は社会党も迷走していきますね。1994年、自民党や新党さきがけと連立政権を組んで社会党委員長の村山富市さんが首相となったときに、「日米安保は堅持、自衛隊は憲法が認めているもの」として、社会党の政策を180度転換してしまいました。

白井　そこは党のジレンマとしてずっとあったのです。アメリカと軍事的な意味で縁を切るというのならば、自前で防衛するのか。それとも原理的な護憲派として、憲法9条の条文どおり、いっさい武力を持たない状態を実現させようとするのか。その部分については、政権獲得を想定した議論がなされていなかったと言えるでしょう。

実績ベースで考えるのならば、社会党は、万年野党として万年与党の自民党と55年体制を確立したときから、居心地のよい野党第一党の地位を確保できればそれでよし、という勢力に堕してしまった。政権獲得を本気で目指していなかったのです。だから、自社さ政権（自民党、日本社会党、新党さきがけによる連立政権）ができたとき、結局は、安全保障に関する事柄で、従来の主張を全部捨てて、現実を丸呑《まるの》みしたのです。原則もへったくれもあったものじゃありません。そこからどんどん党勢を衰えさせたのは当然でしょう。

拉致問題で爆発したナショナリズムが安倍政権を生んだ

――東西対立構造が崩れたことで、アメリカにおける対日政策にはどのような変化がもたらされたのでしょうか。

白井　庇護すべき対象から収奪すべき対象へと明確に変わりました。

　１９８０年代にすでに経済摩擦が非常に深刻になってきていました。ロックフェラーセンターやコロンビア映画などがバブル景気に湧く日本の資本に買収されてしまうなど、アメリカにとって大変屈辱的な出来事が続き、1990年代にかけてジャパン・バッシングが強まります。「日本は安全保障をアメリカに押し付けておいて、不正なやり方でビジネスをやっているからあんなにも儲《もう》けているんだ」というような論調がアメリカで盛んに語られるようになっていました。日本の世論は、「そっちがうまく車を作れないから八つ当たりしているだけだ、自業自得だろうが」といった反応だった。お互いの利害対立が表面化していましたから、今に比べればよほど健全な日米関係だったと言えます。

しかしその後、暴力としてのアメリカが忘れ去られた結果、その暴力性が日本に向けられるかもしれない、ということが想定外となったのです。ソ連崩壊後、日本は「失われた30年」に突入していくわけで、そこからはやたらとグローバル化が叫ばれ、それに合わせることが正義なんだと言われるようになりました。そうした流れを愚かなマスコミと竹中平蔵さんのような学者たちが盛んに煽《あお》って加速させましたね。

――そして小泉政権が誕生します。

白井　イラク戦争への参加で対米追従の極みと言われた小泉さんのときでも、まだ自主外交を模索する動きがありました。直前の森喜朗政権で、ロシアとは北方領土問題において多少の妥協をしつつ平和条約を結ぶべく動いていましたし、もう一方では北朝鮮との国交樹立を目指していた。当時のアメリカは2001年の9・11事件によって対テロ戦争に入っていました。北朝鮮も、イラクやイランとともに〝悪の枢軸〟呼ばわりされていた頃ですが、それでも小泉政権は北朝鮮との国交を開く、という日本の独自外交を目指します。しかし結局は、拉致問題がはじけてしまい、「こんなとんでもない国とは国交交渉なんてできないぞ」という被害者ナショナリズムが国内で爆発してしまった。このナショナリズムの爆発から、「保守派のプリンス、安倍晋三《しんぞう》」が誕生するわけです。

〝腹話術師に操られた人形〟と化した岸田政権の惨状

――安倍政権とナショナリズムは非常に親和性が高かったですね。

白井　自称保守ですね。安倍氏に代表されるナショナリズムの前提には、常にアメリカ依存があります。何が何でもアメリカに依存していたい。アメリカへの依存と従属を続けるために、次々に近隣に敵を作り出す。ここにきて、「対米従属を通じた対米自立」の後半の部分が完全に失われ、「対米従属を続けるための対米従属」になってしまいました。

「トランプには敬意を払わなければならない。なぜなら日本の唯一の同盟国だから。あなたの党も政権を取るつもりがあるなら、そのくらいわかっているでしょう」

トランプをノーベル平和賞に推薦したのかどうかと国会の場で野党から問いただされた安倍さんは、そんな趣旨の発言をして居直りました。アメリカ以外に友好な国はない。だから、たとえどんな人間であろうとも、アメリカの大統領である以上は敬意を払わないという選択肢はないのだという。もっとわかりやすく言うと「属国なんだから、汚い靴を舐《な》めるのも当たり前だろう！」ということです。これほどまでにわかりやすくアメリカ依存を言葉にしてしまった首相が、これまでにいたでしょうか。今やアメリカに甘える、依存するというメンタリティが完全に定着してしまったということです。

――安倍政権における外交において特筆すべきことは何だったのでしょうか。

白井　あの長かった安倍政権において注目すべき点は、前半と後半で外交方針が見境もなくブレていったところにあるでしょう。前半はＴＰＰを推進し、集団的自衛権の行使容認を強引に進めていきました。つまり、日米で対中包囲網を作っていこうという強硬な姿勢を明確に示していたのです。

ところが途中で、それは無理だということを認めざるを得なくなった。日本経済の現実を考えたら、中国の封じ込めなど到底不可能だと気づいたことで、政権後期になって明らかに毛色の違った方向性が出てきます。まずはロシアに接近していった。アメリカ一辺倒の外務省からは大反対されますが、安倍さんは外務省出身の谷内《やち》正太郎氏のルートを切って、今井尚哉《たかや》氏を筆頭とした経産省出身の官邸官僚主導の交渉に転換し、ロシアに積極的に近づいていきました。そして、４島返還という方針を放棄して、２島返還で手を打って平和条約を結ぼうとします。

しかし、２０１６年に来日したプーチンに「アメリカに追従してきた姿勢を改めることはできるのか」と突きつけられて、言葉に窮してしまった。つまり、アメリカとの関係を相対化する覚悟はあるのかと問われ、そこでほぼ「ゼロ回答」のような対応をしてしまったわけです。いくら「ウラジーミル」などと名前で呼びかけて親しさを演出してみたところで、本気の外交姿勢を見せなければ相手の不信を招くだけです。ロシアも日本が日米安保体制をやめられるとは思っていませんから、「独立国としての気概はあるのか」と問いかけただけなのに、その程度のことにさえ答えられない。

対中国との外交においても、当初は中国包囲網だの価値観を共有できないだのと言って対決姿勢を鮮明にしていたにもかかわらず、米中対立が深まっていく最中で、2019年3月に安倍さんは「日中関係は完全に正常な軌道に戻った」と発言し、ガラリと方針を切り替えます。そして2020年4月に習近平を国賓として招聘《しょうへい》することを決めました。これはコロナ禍のために無期限延期となってしまったのですが。

つまり、いずれの方向転換も不徹底で、簡単にブレる、場当たり的だったことが特徴と言えるでしょう。安倍さん自身に深い考えがなかったことについては能力の問題があり、そもそも彼にそんなものを期待できないのは自明だったのですが、官邸の官僚たちはいったい何をやっていたのでしょうか。実は彼らにも外交戦略など存在していないのでしょう。大局観もなければ、信念もなく、戦略もない。あるのは惰性と自己保身だけ。だからフラフラした挙句、結局はずっとやり続けてきたこと、つまりアメリカ追随の路線に立ち戻っていくのです。

——ポスト安倍政権についてはいかがでしょうか。

白井　首相を辞めたあとの安倍さんは、かつて習近平を国賓で招こうとした人とは別人であるかのように、アメリカに回帰していきます。そして「台湾有事は日本有事だ」と盛んに言い立てるようになりました。結局、多元的な外交がうまくできなかったので、その試みをなかったことにしたかったのではないでしょうか。

そして、今や防衛費の大幅増額、大軍拡が進んでいます。この動きの背後にあるのは、要するにアメリカでしょう。大メディアではほとんど誰もこのことを口にしようとしない光景におぞましさを感じます。政治家もメディアも、「国際情勢は厳しさを増しているのだから、我が国の防衛力を高める必要があるのだ」の一点張り。2022年5月に岸田さんがバイデン大統領と会って、そこで「思い切ってやります」と約束済みという話でしょう。

この約束はそもそも誰が言い出したのかと言えば、安倍さんです。安倍さんが「防衛費はGDP2％程度に増額しなければいけない」と言い、自民党総裁選で高市早苗さんがその主張を引き継ぎました。あの時、高市さんの路線は極端すぎると受け止められ、際物視されました。そもそも中国と軍拡競争をやって勝てるわけがない。それに比べ岸田さんは穏健そうだし無茶なことはしないんじゃないか、と見られていた。しかし結局、岸田さんは今、高市さんが言ったとおりのことをやっている。高市さんが岸田さんのお面を被って自分の政策を実行しようというようなものだ。しかも、言い出しっぺの安倍さんはもうこの世にはいないのです。

この光景は何なのですか。3人の政治家がいるけれども、3人全部同じ、金太郎アメの腹話術人形ではないですか。もちろん背後の〝腹話術師〟はアメリカです。

あるいは、こういう見方をする人もいます。「アメリカは日本の政治家に命じているわけではない。アメリカの意図に見せかけた形で日本の官僚や政治家が自分のやりたいことを通しているのだ」と。真相はわかりませんが、私から見れば、どっちだろうが同じことです。米中対立の大構造があって、その中で日本がどう利用されるか、という話でしかない。自民党を中核とする親米保守勢力は、その中で自発的、積極的に奴隷になっているのであって、命ぜられて服従させられているよりもなお一層悪い。

日本という〝戦利品〟の利用価値

――しかし、有権者の側にも「増税はイヤだけど、防衛力増強は必要だよね」という意見が少なくありません。

白井　「軍隊は強くしたいけど、増税はイヤ」というのは単なるバカじゃないでしょうか。強い軍隊が欲しければ、カネがかかります。国民から税金をさらに搾り上げ、アメリカと一体となって軍事力を行使していこうという道を、今、日本はひたすら突っ走っています。

戦前は天皇制というものに日本国の原理があったように、戦後も天皇制と同じような構造が、アメリカをトップに入れ替えたうえでこの国の内的原理として続いているのではないか、というのが『国体論』以来繰り返し述べてきた私の考えです。「天皇陛下を慕うようにアメリカを慕ってきたのだから、今後はアメリカのために死ねるよな、命を投げ出せるよな」ということを今から突きつけられるのではないですか。

米軍は、火力としては世界最強で情報力もありますが、イラク戦争やアフガン戦争では勝てなかった。それはなぜか――。相手をいくら火力で圧倒したとしても、最終的には大量の兵士を上陸させて、「面」で制圧しなければ勝ち切れないからでしょう。でも、それをやろうとすると大勢の戦死者が出ます。アメリカの国内世論はそれに耐えられないし、指導者も耐えられない。つまり、自国の兵隊を大勢殺すような戦争はできなくなっているわけです。しかし、もしも中国との対決ということになったら、犠牲を避けられない局面も出てくるでしょう。そうなった場合には、誰かに死んでもらわなければならない。誰に死んでもらうのか、となったときに「日本の利用価値」が最大化するのです。長らく手元に置いておいた〝戦利品〟というのをこうやって生かすことができるのだ、ということになるのでしょう。

私がアメリカの政策当局者であったとしたら、日本という国を心の底から軽蔑します。なぜなら、あらゆる手段を使って、自立した存在であることから逃れようとしているから。自分たちが主体であることから、何とか逃れようとする。天皇制に依拠したように、アメリカと一体となることに日本のあり方を委ねようとするからです。そんな人たちに人間としての尊厳を感じられるでしょうか。そんな人たちの命など、軽んじられるほかないでしょう。

「対米従属のための対米従属」で延命を図ってきた自民党が、そうした流れの中でどのように振る舞うのかは、すでに自明でしょう。自己保身のためにいくらでも自国民の命を差し出すはずです。自民党を王者とする日本の政治は破滅に向かっているということを、私たち一人ひとりがどう自覚していくかが問われていると思います。

しらい・さとし　1977年生まれ、東京都出身。早稲田大学政治経済学部政治学科卒。一橋大学大学院社会学研究科総合社会科学専攻、博士後期課程の単位修得退学。博士（社会学）。京都精華大学准教授。『永続敗戦論 戦後日本の核心』（太田出版、のち講談社＋α文庫）により、第35回石橋湛山賞、第12回角川財団学芸賞など受賞。主著に『未完のレーニン〈力〉の思想を読む』（講談社学術文庫）、『国体論 菊と星条旗』（集英社新書）、『武器としての「資本論」』（東洋経済新報社）、『主権者のいない国』（講談社）、『長期腐敗体制』（角川新書）など。

第二章

〝空気〟という妖怪に支配される防衛政策

石破 茂（自民党・衆議院議員）

2022年12月、日本の防衛費を5年以内にGDP比2%にするために、2023年から2027年までの5年間で総額を43兆円まで積み増しする。「反撃能力」と呼び名を変えた「敵基地攻撃能力」を保有する——。岸田文雄首相がいきなり打ち上げた「安全保障政策の大転換」は、外交・防衛指針である「国家安全保障戦略」と「防衛計画の大綱」「中期防衛整備計画」からなる安保関連三文書を同時に改定するという形で進められ、あれよあれよという間に閣議決定されてしまった。

年間11兆円超の防衛予算となれば800億ドル以上。インドの766億ドルを抜いて、米国、中国に次ぐ世界3位の軍事大国となる。復興特別所得税の一部転用（復興特別所得税の課税期間を延長することが前提のため、自民党は新たな税だと主張している）、法人税やたばこ税の増税などを財源に充てるというが、増税実施のタイミングは「2024年以降の適切な時期」と曖昧なまま。詳細不詳のまま見切り発車するには、あまりに大きな安全保障政策の転換だが、政府はなぜこれほどまでに急ぐのか。防衛費を倍増するというが、何をどう積み上げたらこの金額になるのか。敵基地を攻撃する能力は日本の安全をどのように高めるのか。具体的な内容についての議論もな

く、岸田首相は「安全保障環境は厳しさを増している」と繰り返すばかりだ。

自民党きっての防衛政策通として知られる元防衛大臣の石破茂氏は、こうした急転回の動きをどのように見ているのだろうか。

（取材日：2022年12月13日）

――岸田政権において、防衛費倍増があっという間に既定路線になりました。何のために何をどのように使うのかということがまったく見えないまま、先に予算規模だけが確定して、今や財源の話で持ちきりです。一体どうしてこのようなことになっているのでしょうか。

石破　私も閣僚や党幹部を務めているわけではないので、実際のところはわかりません。2021年に総理に就任した当時、岸田総理は、「内容」と「予算規模」と「財源」の3つをセットにして防衛予算を決めるのだと言っておられました。私は、それは当然そうすべきであり、素晴らしい考え方だと思っていました。

ところが2022年11月28日になって、岸田総理は鈴木俊一財務大臣と浜田靖一《やすかず》防衛大臣を官邸に呼び、いきなり「関連経費を含めてＧＤＰの２％程度に増額するように」という指示を出されたと報道されています。それで議論は一気に混乱しました。そもそも、「関連経費」というのはどこからどこまでを含むものかよくわからない。結局のところ、本当に防衛費に使われる経費、いわゆる「真水の防衛費」は果たしていくらなのか、はっきりしませんでした。

そして12月5日に再び財務大臣と防衛大臣が官邸に呼び出され、「5年間で総額43兆円を確保」という数字が飛び出してきました。財源を示そうという努力をされているとは見えますが、内容も含めて一体的に示すという話が追い付いていません。３文書の改訂が２０２２年末のタイミングであることは1年前からわかっていたのですから、もう少し計画的に議論のプロセスを進められなかったのかと悔やまれます。

ＧＤＰ比２％がいつの間にか既定路線に

——国際情勢は厳しさを増しているのだから、ＧＤＰ２％というのは国民も理解して

いる、という前提が、いつの間にか出来上がっています。

石破　GDP2％、NATO並み、という話は安倍晋三元総理が生前に言っておられたことです。だからそのまま方針としなければならない、という思いが政権や党の一部にあったのかもしれません。「NATOが加盟国に対して示しているGDP2％という国防費の基準に準じるべき」という発想が何に基づくものなのか、世界情勢が厳しさを増しているからだと言うが、何がどう厳しさを増しているのか。そこをまず冷静に分析すべきだったと思います。

ウクライナ侵攻が国民に大きな衝撃を与えたことは間違いありません。湾岸戦争やイラク戦争を覚えている方も少なくはないでしょうが、すでに20年も前の出来事です。ロシアという我が国の隣国である大国、それも国連安保理の常任理事国が、目の前でウクライナに軍事侵攻したことに、多くの国民は衝撃を受けた。そこで「今日のウクライナは明日の台湾だ、今日のロシアは明日の中国だ。台湾有事は日本にも飛び火するぞ」といった言説が急に湧き上がってきました。

たしかに、何の危機感も抱かず、何の抑止力向上の努力もしないという選択はありません。しかし、実際に何を脅威と考えるべきかについては、精緻かつ冷静な分析が必要です。たとえば、陸続きのロシアがウクライナに侵攻したことと、海峡を挟んだ中国と台湾との状況は直結して論じられることか、といったことです。

そもそもNATOの歴史的な成り立ちは、アメリカをいかに引き込み、ソ連をいかに排除し、ドイツをいかに抑え込むかということにありました。NATOの東端に存在するウクライナと陸続きのロシアとの関係を、荒れる台湾海峡を隔てた中国と台湾との関係にそのまま当てはめられるものではありません。

台湾本島はその9割が断崖絶壁で、上陸可能な砂浜は海岸線の1割しかありません。そして当然台湾当局は、その砂浜にさまざまな防衛力を集結させています。また、台湾海峡は波が高くて水深が浅く、航行が難しい海峡であり、そこを戦車や兵士を乗せた13~14ノット程度のスピードしか出せない大型輸送船で渡るというのは、きわめてリスクが高い。こうしたことも踏まえて、中国の台湾への軍事侵攻の可能性について、私たちは冷静に考える必要があります。

台湾の陸海空軍の防衛力について、日本としてどれだけ正確に分析評価できているかということも重要です。台湾には２０１８年まで徴兵制があり、さらに予備役の訓練にも力を入れています。陸海空軍合わせて１６６万人もの予備役がいる。

　中国はたしかに軍事力を増強し続けており、またその意図も不明確で、我が国を含む周辺地域を不安定化させていますが、一方でその隣国はインドやロシア、パキスタンや北朝鮮などの国々であり、その軍事力をすべて台湾や日本に向けられる状況にはありません。

　また、アメリカにとっての必要性、重要性ということも考慮しなければなりません。台湾が、万が一にでも中国に実効支配されてしまった場合、中国はそこに潜水艦の基地を作るでしょう。それでようやく、中国の潜水艦は太平洋や南シナ海に自由に出入りできるようになるからです。そうなることが明確にわかっていて、アメリカが黙って見ているはずはないでしょう。中国も当然そうした事態を想定しているでしょう。

　たしかに、２０２２年の夏に台湾を有志議員と訪れ、蔡英文《ツァイインウエン》総統（当時）や行政府、与野党の立法府の方々と意見交換をしたとき、「ウクライナの教訓は、自分の国は自分で守るという強い意志と能力を備えなければ、他の国は助けてはくれない、ということだ」ということを多くの方がおっしゃっていました。それはそのとおりですし、むしろ我が国がそのことを重く受け止める必要があります。しかし今、日本国内で流布している「今日のウクライナは明日の台湾」という言説は、何だかプロパガンダのような根拠のない煽り文句のようにも聞こえます。

そのような冷静さを欠いた言説で危機感が煽られて予算規模だけが膨らんでいき、内容について国民にまともな説明もないままでは、民主主義国の政府としては不誠実と言われても仕方ないのではないかと思います。

――しかし今の与党が話題にするのは財源のことばかりです。２０２３年の統一地方選挙も控えて、増税を明言するタイミングは先延ばしにしたいというような意図も透けて見えました。

石破　政策はきちんとした財源とセットでなくてはいけないというのは政治の鉄則ですね。田中角栄先生が日本列島改造論の前段階で、道路整備を掲げたときに、ガソリン税や重量税などの道路特定財源という手法を考えました。竹下（登）さんが消費税を導入したのもこれからの社会保障費の増加を見据えてのことでした。法人税や所得税などの直接税は、景気によって大きく上下します。しかし社会保障という大切な政策の財源は、安定したものでなければいけない。景気にあまり左右されない消費税の導入に踏み切ったのには、そうした理由があったのです。

そもそも、長期的な視点で安定した財源を確保するという覚悟もないまま、この国の根幹に関わるような重要な政策を掲げるべきではないというのは政治の基本でしょう。

ですから岸田総理も、防衛費倍増には恒久財源が必要なのだと、至極真っ当なことをおっしゃったわけです。これは増税で賄うしかない、ということです。当たり前ですが、フリーランチなどありません。大切なものはタダでは手に入らないのです。自民党はよく「国防こそ最大の福祉である」というフレーズを使うのですから、そうであるならば、恒久的な財源が必要だというのはきわめて当然の議論でしょう。

ところが、自民党の税調（税制調査会）に出ても「増税なんて賃上げに水を差す」「企業活動に邪魔だ」「来年の統一地方選にとってマイナスだ」といった反対意見ばかりが目立ちました。

アメリカからの〝買い物リスト〟が増えるだけではいけない

――特別復興所得税の一部転用なども突然出てきて、最終的には「法人税も含めて増税はするけれども、その時期は曖昧にしておく。翌年の国会でも増税時期についての話は出さない」といった、どうにも形容しがたい落とし所でまとまりました。禁じ手の「建設国債」も財源のひとつに入っています。

石破　増税という前提が共有されたことには、一定の評価ができると思います。しかし、中身も財源も曖昧で、本質的な議論も抜け落ちたまま、予算規模ありきの話でしたからね。これはいったいどういうことなのかと暗澹《あんたん》たる思いになったのも事実です。

防衛費のGDP2%はNATO並みと言いますが、一方でNATOは加盟国に対して厳しく財政規律を課しているわけでしょう。日本は財政状況において、NATOの基準からはかけ離れています。そんな日本で、倍増する防衛費を国債で賄っていくようなことになると、もはや歯止めが効かなくなりませんか。有権者は「国債ならば、増税よりもマシ。自衛隊も頑張っているのだし仕方ない」と思うのかもしれませんが、国債も税金も国民負担であることに変わりはありません。しかも、国債は次の世代に責任を先送りすることです。子どもや孫の世代にそれだけの負担を背負わせていいのでしょうか。

今回の防衛費増額によって、日本の大企業も受注が増えていくことになるでしょうから、法人税増税という選択肢は合理的だと考えます。これから設備投資や人的投資を行おうとしているところに水を差す、という言説もありますが、産業インフラが戦争によって破壊された場合に真っ先に莫大《ばくだい》なダメージを受けるのは企業です。担税力を踏まえても、法人税の財源としての活用を正面から議論するのは当然でしょう。

――予算規模に加えて、中身について伝わってきているのが「敵基地攻撃能力」保有の容認です。今は「反撃能力」と言い換えられていますが、これが果たしてどういったシミュレーションに基づく防衛戦略なのか、こういう力を持つことで日本の安全がどう守られるのかがよく見えてきません。

石破　防衛力の本質は抑止力です。いかなる脅威に対して、いかなる抑止力を持つのか。抑止力には2種類あります。ひとつは、「攻撃するならやってみろ、倍返ししてやるぞ」といった報復的な抑止力。これは憲法の要請からしても日本が持てるものではないということで、アメリカにお任せしているわけです。

もうひとつは拒否的抑止力で、「やれるものならやってみろ、でもお前の意図は達成されないぞ」というものです。つまり、「撃ち込まれたミサイルはミサイル防衛システムで落としてやるぞ」とか、「シェルターに避難するから国民は一人も命を落とさないんだ」とか、「国際社会の非難を浴びてお前が孤立するだけだぞ」とか、そういったことを示して、「それが嫌ならば攻撃はやめておけ」という抑止力です。後者が今の日本が持つべき抑止力です。

今回の改定においては一定の反撃力を持つことになりました。これは拒否的抑止力の一環として保有することになります。だから、アメリカの報復的抑止力とどのように組み合わせるのか、制度設計についても実際の実力行使についても日米間での緊密な意思疎通が必要です。この体制、意思決定のプロセス、実際の装備と任務、それをどうやって抑止力として機能させるのか、そういった肝心の議論をこれから詰めていかなくてはなりません。

今回の文書の中で評価すべき点は、陸海空の統合司令官を設置する、としたところです。普通に聞けば当たり前の話だと思われるかもしれませんが、今まで3自衛隊全体で運用を見るポジションがなかったわけですから、ここは大きな前進です。今後、自衛隊法や防衛省設置法の改正など、具体的な施策を早急に講じなければなりません。

陸海空のオペレーションを統合するのですから、防衛力整備についても当然統合して考えるべきで、この点は以前から指摘していたことなのですが、今回は「統合運用に資する装備体系の検討を進める」という表現にとどまりました。朝鮮半島、台湾、尖閣《せんかく》など、それぞれの事態を念頭に置いたうえで、陸自は何を持ち、海自は何を持ち、空自は何を持つのかを統合的に考えるべきです。そうでないと、結局、海自はこれが欲しい、空自はこれが欲しい、陸自はこれが欲しいとばらばらのリクエストが出てくることになり、それが全体から見て合理的なものか否かということについての検証システムがない。こうしたやり方は、納税者に対して誠実とは言えません。

——防衛費を倍増すると言っても、その多くがアメリカの兵器を購入することに回っ

ていくのだろうという思いがあるのですが、そこにはアメリカからの強烈なプレッシャーがあるのでしょうか。

石破　私はそうは思いません。私の知る限り、アメリカの兵器を望んでいたのは、むしろずっと日本側だったと思います。

そもそも、アメリカは日本が言うことを聞くからかわいくて守っている、などというわけではなく、自国の防衛戦略に在日米軍基地が資するからこそ「日本を守る」という条約を維持しているわけです。ただ、日本が「あれも買います」「これも買います」と言うので、「ならば売りましょう」という状態になっていたのだと思います。しかしそれも、「喜んで売ってあげる」というよりは、さまざまな技術を出し渋られたという経緯もあります。だから、１９８０年代や90年代ならともかく、現時点で、日本には核となる技術を教えないというアメリカと兵器体系を共有することが国益に資するとは言い難い面があります。

それを踏まえれば、単にアメリカからの〝お買い物〟という思考停止を脱して、さまざまな同盟国や同志国との共同研究・開発・生産を模索していくべきです。今般閣議決定された、次期戦闘機の日・英・伊による共同開発体制は、その好例と言えるでしょう。

「自衛隊がかわいそう」という空気は予算倍増の理由になるのか

――ＧＤＰ２％は年間およそ11兆円超ですから、予算的にはインドを追い抜いて、アメリカ、中国に次ぐ世界３位の軍事大国になることを意味します。これはかなりの大転換と言えます。アメリカからのプレッシャーがあるわけでもないのならば、岸田さんはなぜこれほどまでに急いでいるのでしょうか。

石破　よくわかりません。安倍元総理の遺された方針だから、という雰囲気も一部にはありましたが、本当のところは誰にもよくわからないのではないでしょうか。

強いて言えば、「空気」かもしれません。山本七平先生は、１９７７年に発表された『「空気」の研究』という著作で「『空気』とはまことに大きな絶対権をもった妖怪である」と書いておられます。誰でもないのに誰よりも強い「空気」が、今、岸田さんをこれほどまでに急がせているのかもしれません。

ウクライナが大変なことになっている、台湾も危ない、自衛隊は頑張っているのに予算が少ないらしくてトイレットペーパーも自前らしい、食堂の納豆もたくさん食べたら罰せられるらしくてかわいそう……という、同列になるはずもないことが並べ立てられてしまう情緒的な空気。あるいは、「国際情勢が厳しい今、(問題は財源であって) 防衛費を増額することについては国民の理解が得られている」と、メディアが既定路線としてあっさり報じてしまう空気です。

自衛官に同情するのであれば、彼らを一般の法体系で裁くことになりかねない現状についてもっと危機感を持つべきでしょう。一般の社会では、物を壊せば器物損壊罪、人を殺せば殺人罪になります。

しかし、実力組織として、自衛官には国の独立と平和を守るという任務があり、その遂行のために物理的破壊力を行使します。そこで機能するのは、一般社会の法体系ではなく、組織内の規律です。国が実力組織を持つということは、そういう現実と向き合わなければならないということです。国家の命によって物理的破壊力を行使した結果、まったく違う法体系によって自衛官個人が一般司法で裁かれる、などということはあってはならないのです。これは大きな人権問題でもあります。

――しかし、憲法上、自衛隊は軍隊ではありません。実力組織でありながら軍隊ではないという、きわめて不可解な位置付けのまま、これだけ肥大化してしまいました。与党だけでなく一部の野党も含め、「戦力は持たない」から「必要最小限の実力行使は許される」というところまで憲法解釈によって既成事実を積み重ね、ついに世界3位の防衛予算を持つ国になろうとしています。

石破　結城昌治《ゆうきしょうじ》さんが1970年に直木賞を受賞された小説『軍旗はためく下に』では、戦時中の軍法会議がいかに人権を無視していたかという状況が描かれており、深作欣二《ふかさくきんじ》監督が映画化しています。軍事法廷というのはまさにそうした人権侵害の危険性と隣り合わせであるからこそ、文民統制による公正な運営が必要となります。

戦後日本に軍事法廷はありません。人権侵害をするかもしれないから、あるいは自衛隊は軍隊ではないからと、そもそも設置をしていない。しかし、そのために個々の自衛官の人権を守れないということが起きている。これこそ本末転倒です。

自衛隊は今や、多くの国民に支持され愛される存在となりました。最も信頼できる公的機関として「自衛隊」を挙げる人が圧倒的多数という現実があります。保守の政治家の中にも、「制服組」が大好きな人たちがたくさんいます。たしかに、東日本大震災や熊本地震、広島の水害など大規模な災害が発生するたび、私たちは献身的に働いてくれる頼もしい自衛隊の姿を目にしてきました。だから、自衛隊の人たちの隊舎が古びているだとか、トイレットペーパーが自前だとか、本質ではない部分で同情を集めるわけですが、それが政治の責任だと言われると少しく違和感があります。

たとえば、日本の戦車1両は約10億円します。完全国産だから、海外には売れないから、と言われますが、先ほど述べたように友好国と共同開発できていればどうだったか。システムの開発や改修も、他省庁の予算と比べても桁が違う。もう少し視野を広げれば、効率化できる予算はたくさんあります。そうしたことに手を付けていけば、隊舎の改修やトイレットペーパーの十分な備蓄はできるはずです。

そう考えると、安倍元総理が突然提唱された「加憲案」――憲法9条の1項・2項はそのままで、3項に自衛隊を明記すればいいという案――は、思考停止の最たるものと言えるのではないでしょうか。矛盾は矛盾として固定化してもいい、「実」はなくとも、憲法改正という「名」が取れればいいという思考の放棄。私にはそのように思えました。

――そこにあるのは、情緒的な満足感でしかないということですか。

石破　当然ながら、国の防衛政策というのは情緒や空気で決めるべきものではありません。

日米安保体制において、アメリカは多大な利益を得てきましたし、日本もそれで多大な利益を得てきた。そのことはそれとして評価すべきでしょう。しかし、アメリカの軍事力は相対的に低落しており、中国の軍事力は相対的に上がってきている状況がある。軍事バランスが崩れると戦争が起こりやすくなるのですから、いかにしてこの地域における軍事バランスを保っていくかということは、冷静かつロジカルに考えていかなければなりません。

その意味で、日本は怖い国です。かつてはアメリカを相手に戦争をしたのですから。日米開戦当時の昭和16年、アメリカのＧＤＰは日本の約10倍、工業生産力も10倍ありました。まともに考えれば勝てるはずのない相手なのですが、それでも、この国は戦争に突き進みました。当時、これを批判したメディアはほとんどありませんでした。むしろ、朝日新聞から読売新聞まで、戦争を煽りに煽った。戦争に協力したほうが部数は伸びたのです。その結果、この国は一回滅びました。

そして今もまた、「中国は脅威だ」というようなことを安易に口にする政治家があまりに多い。納税者である国民に対して、「中国は怖い、だから防衛費を増やすんだ」というようなことを言い立てるのは、政治家としてあまりに無責任でしょう。メディアの側も、中国の脅威とはいったい何なのか、有事において日米同盟がいかに機能するのかといった冷静な検証を、もっと丁寧にやるべきなのではありませんか。

保守の間で「戦後」がうまく伝承されてこなかった悲劇

――なぜ、国家の安全保障政策について冷静な検証や議論が深まらないのでしょうか。

石破　敗戦の検証が不完全だったからではないでしょうか。かつて、田中角栄先生は、

「あの戦争に行ったやつがこの国の中心にいる間は、この国は大丈夫だ」と言っておられました。しかし今、私を含めて政治家も官僚も企業の方々も、ほとんどが戦争を知らない世代になっています。角栄先生は、「だから若い人たちには勉強してもらわなければ」とおっしゃっていたそうです。

平成の時代の総括はあまりなされていませんが、私は日本において「戦後」が終わった時代であり、「民主主義」と「資本主義」が大きく変質した時代であったのだろうと感じています。とくに「戦後の終わり」にあたって、あの戦争が何だったのかということについての伝承がうまく機能しなかったように思います。いわゆる革新陣営の間では、戦争体験は過度に否定的な、忌むべきものとして感情論と化し、いわゆる保守とされる人たちの間では、革新陣営のアンチテーゼとしての感情論と化してしまったのではないでしょうか。

――なぜ保守の側でうまく伝承されていかなかったのでしょうか。

石破　それは天皇制に突き当たるからだと言われてきました。私自身は天皇制はこの国の根幹であると信じていますが、大東亜戦争を冷静に検証し、その責任を考えようとすると、どうしても天皇陛下の存在を避けては通れなくなる。だから、保守であればあるほど、戦争責任を突き詰めて考えることに限界を感じていたのではないでしょうか。

――その異形のひとつが、たとえば靖国神社にある遊就館《ゆうしゅうかん》（資料館）のようなもので、あそこではパラレルワールドのような戦後が受け継がれているように感じます。

石破　あるひとつの歴史観の体現だとは思いますが、あれを追体験してはならないのです。あの戦争が間違っていたことは明らかなのだから、なぜ間違ってしまったのかということを検証し続けなければならなかった。

　すでに飛行機の時代になっていたにもかかわらず、なぜ大艦巨砲主義に戻って「大和」と「武蔵」を作ってしまったのか。さらに、3番艦はこれではいけないと、急きょ航空母艦に改造して空母「信濃」を作ったものの、まだ十分に出来上がっていないのに横須賀から出港させて、アメリカの潜水艦の魚雷一発でたちまち沈められてしまうようなことになってしまったのは、なぜなのか。

　そもそも戦艦「大和」の出撃など、一片の合理性もありませんでした。最初から失敗することは100％確実で、ほとんどの乗組員が死ぬことが確実でありながら、そういう作戦を遂行してしまった。

今はそんなことはないだろう、と安心している方も多いのかもしれませんが、その片鱗は現在でも残っていると私は思います。たとえば2020年6月の「イージス・アショア」の突然の中止にしても、そこに合理性は見出《みいだ》せません。本来、日本海に常駐するイージス艦の負担を軽くするために、陸地にイージス・アショアを配備することにしていたのに、ブースターという補助ロケットが落下しては大変だから中止しようとなった。そうであれば落下しても問題のない陸上の他の地域を探すのが筋なのに、突然海上自衛隊の艦船でいい、という話になる。そもそも、海上自衛隊の負担を軽くするために始まったイージス・アショアじゃないの？　なんで結局、海自の負担をさらに重くしているの？　という話なのに、批判が受け入れられにくい。

まさに山本七平先生が言うところの「空気」でもってこの国は動いていて、その結果については誰一人責任を取らない。そのDNAは、当時も今もあまり変わっていないのだと私は思っています。

吉田満さんの著作『戦艦大和ノ最期』（講談社文芸文庫）によると、明日はいよいよ沖縄に突っ込むというときに、海軍兵学校出身の正規士官と、帝大や早稲田の学徒動員の士官とが激論を交わす。命令だからやむを得ないが、俺たちは何のために死に行くのか、というわけです。当然です。失敗することがはっきりしているのに出撃させられるのですから。そこで結局、俺たちが滅ぶことで、新しい日本が目覚めるのであればそれでいいじゃないか、という話になるのです。そして実際に、この国は一度滅びたわけですが、しかし新しい日本は本当に目覚めたのでしょうか。

小学校でも中学校でも高校でも、歴史の授業は大抵、明治維新、よくて日清日露戦争のあたりで終わってしまう。近現代史を教わる機会がほとんどありません。日本がいかにして間違えたのか、ということをきちんと検証し学んでいかなければ、私たちは「新しい日本」を担っていくことができないのではないでしょうか。

――一方で、近代史や太平洋戦争を学生に教えるにあたって、いわゆる歴史修正主義と言われる人たちからの攻撃で現場の教師はプレッシャーにさらされています。

石破　保守というのは本来、右翼の街宣車ではありません。本来の保守に必要なのは、柔軟性と寛容性です。日本の歴史、伝統、文化や地域を大切にする思いが保守の本質であって、保守それ自体にイデオロギーはないはずなのです。イデオロギーを声高に主張し、自らの理想以外は認めないという態度は、本質的には革新そのものです。形のない思いを守っていくためには、異なる相手の主張を受け止めていく寛容さが必要です。

国家としての自主独立は居心地のよいものではない

――戦前の日本が、靖国神社に体現されるような精神性を国家の拠《よ》り所としつつ思考停止していたとしたら、戦後はそのまま、日米安保を軸とした現状維持というところで思考停止しているのではないかという指摘もありますが。

石破　その意味では、私は日本はまだ真の独立国家には達していないと思っています。日米安保の本質は、その非対称性にあります。米国が日本を防衛する義務を負い、日本は領域内に米軍を受け入れる義務を負う。世界に米軍基地を置いている国は数多ありますが、条約上の義務として受け入れているのは日本だけです。義務として外国軍の駐留を許している国の、どこが独立国家なのでしょうか。

嘉手納《かでな》や普天間だけでなく、横須賀や三沢、岩国や横田など、日本全国に米軍基地があります。三沢になぜF－16戦闘機がいるのか、横須賀になぜ空母ロナルド・レーガンがいるのか、岩国になぜオスプレイがいるのか、嘉手納のF－15戦闘機の撤収後には何が配備されるのか。そういったことをきちんと考えたことはありますか。アメリカに「なぜそんな戦闘機をそこに置いているんですか」と聞いたところで「基地提供はそちらの義務であって、どの基地に何を置こうが、こちらから教える義務はない」と一蹴されてもおかしくはありません。

最終的には、日本がアメリカに対して、「ここは協調していく、こんなことにはお付き合いしかねる」と主体的に言える国になれるかどうかで、日本の民主主義の熟度が示されることになるでしょう。おかしいことはおかしいと言えることが大切です。今のままのほうが、居心地はよいでしょうが、それでいいのでしょうか。与党に限らず野党も含め、現状維持の思考停止の中、さまざまな矛盾を先送りにしてきたツケは、いつの日か大変な額になって回ってくるでしょう。

自主独立は、まったく居心地のよいものではありません。どうやって抑止力を維持していくか、常に緊張を強いられることですし、自分たちで決めたことに対して自分たちで責任を負うしかない。しかし、それこそが独立国家のあるべき姿ではないでしょうか。

私が防衛大臣在任中から提起していたことのひとつとして、在日米軍基地の管理権を日本側に移管する、というものがあります。たとえば在豪米軍がそうであるように、自衛隊が管理する基地の中にゲストとして米軍が存在するなら、コロナ禍での規制にしろ犯罪が起きた場合の対応にしろ、米軍基地で起きたことへの対応は日本政府が担うことになります。今、基地周辺の住民の方たちが置かれている状況を改善するには、住民の方々が直接米軍とやり取りしなければならない体制を変えるべきです。沖縄の問題は日本全体の問題であり、三沢でも横須賀でも岩国でも起きている問題なのですから。

もうひとつ、アメリカの領域内に常設の自衛隊の訓練施設を設置することも提案しています。在日米軍が存在することで日米地位協定が必要になるわけですが、もしも在米日軍――いえ、在米自衛隊が常時駐留することになれば、そちらの地位協定も必要になってきます。そうなって初めて、日米地位協定の現状が議論され、さらに、同じような待遇を在米の自衛隊は受けられるのか、という議論になると思うのです。日本における米軍の待遇と、アメリカで自衛隊が受ける待遇が同じになって初めて、対等な地位協定だと言えるのではないでしょうか。

実力組織は「情」ではなく「規律」で動く

――武力行使ではない、必要最小限の実力行使だ、といった解釈を繰り返して、自衛隊は行動範囲を徐々に広げてきました。自衛隊は違憲であるという議論も、もはや野党の側から聞こえてはきません。一方で、自衛隊は人が集まらず慢性的な人手不足、というような話も聞きます。いくら省人化したとしても、43兆円を使って設備や機器を揃《そろ》えたところで、現実的なオペレーションができるのでしょうか。

石破　むしろ、それだけの予算があるのであれば、予備役（自衛隊に在籍しつつ普段は一般社会で生活し、訓練や有事の時だけ自衛隊に参加する人）を増やすことを考えたほうがいいと思います。どの国でも、常備と同じくらいか、あるいは倍以上の予備役を抱えているものですが、日本の予備自衛官は約5万人。海自と空自では、幹部の予備役がほとんどいません。

企業が予備役を雇用する際のメリットをもっと用意して、予備役をきちんと確保する環境を整えることが必要でしょう。

あるいは、海自の護衛艦は一度出航したら何カ月も帰ってこられないわけですから、せめて2クール制にしてきちんと休暇が取れる体制にするべきです。慣れない集団生活で、船上ではスマホも使えませんから、若い自衛官は大きなストレスを抱えています。現場の自衛官に無理を強いている状況がさまざまにあるわけですが、莫大な予算をかけずともこれらを改善できる工夫の余地はいくらでもあります。

――「軍隊ではない」という矛盾に満ちた存在であったために、具体的なオペレーションについて現実的な議論がしづらい状況が続いていました。扱いづらいことは考え

ないでおこうというような有権者の意識が働いていたのかもしれません。

石破　しかし、現実にそこで働いている人たちがいます。実力組織を抱えているという現実に向き合わなくてはいけません。プロの自衛官たちに嫌われるようなことであっても、政治家は言うべきことを言っていかなければならないし、一方の「制服組」も、国会で答弁することから逃げてはいけないと考えています。別に政治的な発言をさせるわけではありません。現場でのオペレーションについて「制服組」が国会で答弁するのは、どの国でも当たり前です。むしろ、それがなければ国会によるシビリアンコントロールは確保できないはずです。私が厳しいことばかり口にするので、防衛省では煙たがられていますし、自衛隊に対する愛情がない、なんて批判をされることもありますが。

――しかし、情で動くわけにはいきません。

石破　そのとおりです。小泉（純一郎）政権下でイラクへの自衛隊派遣が始まったとき、私は防衛庁長官を拝命していました。最初の部隊が旭川で編成されて、出発前の隊旗授与式が行われ、小泉総理が部隊の隊旗を渡して訓示を述べることになっていました。この時、小泉総理は事前に「石破君、これでいいか？」と原稿を見せてくれました。よくできた原稿でしたが、私は1カ所だけ訂正をお願いしました。

原稿の中に「諸君は自ら望んでイラクへ行く。実に立派だ」というくだりがあったのです。しかし、行きたくて行く人など誰もいません。国家の命令だから行くのです。それが、規律が何よりも優先される実力組織の現実です。ですから小泉総理に「自ら望んで、というのはやめていただけませんか。国家の命令により、と言ってくださいませんか」と伝えたのです。小泉総理は「よし、わかった」と言って、その場で直してくれました。

私が言いたかったのは、イラク派遣を美談にしてはいけない、ということでした。美談にすると必ず、命懸けで国を守ることは素晴らしい、特攻隊は素晴らしいというような話につながってしまいます。それで一度、この国は滅んでいる。そのことを忘れるわけにはいかないのです。命を懸けて任務を遂行する実力組織を持っているということは、国民全体でその責任と覚悟を負わねばならないということです。これもまた、民主主義の根幹だと私は思っています。

いしば・しげる　１９５７年生まれ、鳥取県出身。慶應義塾大学法学部卒。父は官僚（建設事務次官）から鳥取県知事になり、参議院議員となった石破二朗。三井銀行（当時）を経て木曜クラブ（田中派）勤務。１９８６年衆議院議員選挙（当時は中選挙区制）にて自民党公認（渡辺派）で鳥取県全県区から出馬し全国最年少（29歳）で初当選。防衛庁長官、防衛大臣、農林水産大臣、地方創生・国家戦略特区担当大臣などを歴任。２０１５年に自身の派閥となる「水月会」を発足するも、４度目の挑戦となった２０２０年９月の自民党総裁選で菅義偉官房長官（当時）に敗れ、水月会会長を辞任した。主著に『国防』『政策至上主義』（ともに新潮社）ほか。

第三章

自民党における派閥は今や〝選挙互助会〟に

井上寿一
（歴史学者・学習院大学教授）

２０２２年12月19日に行われた産経新聞社とＦＮＮの合同世論調査によると、岸田文雄内閣の支持率は同年11月の調査に比べて１・６ポイント減の37・０％。政権発足後、最低を更新した（２０２４年２月のＮＨＫ世論調査では支持率が25％）。同月の日本経済新聞社とテレビ東京による合同調査でも支持率は35％。朝日新聞の電話世論調査では31％と、いずれも過去最低となった。保守とリベラルの双方から反発を受ける現状では、もはや支持率回復は見込めないとして、「２０２３年度予算案の国会通過後に岸田退陣」とも囁《ささや》かれている（２０２４年３月時点で、まだ在任）。

とはいえ、岸田氏に代わる自民党議員は見当たらない。一定層からの支持に限られていたり、国民からの人気は高くとも党内の影響力が低かったりというのが実状だ。そんな与党に野党が取って代わることができるのかと言えばそれも甚だ疑問で、野党の支持率が軒並み１桁台なのだから政権交代の現実味は薄い。

今のこのような政治状況は、日本の政党政治の歴史において異常事態なのか。あるいは過去にも似たような状況はあったのか。また〝スター議員〟が出てこなくなった背景には何かしらの事情があるのか――。戦前戦後の日本政治史を研究する井上寿一

学習院大学教授に聞いた。

（取材日：2022年12月21日）

――支持率低下が止まらないことから「ポスト岸田」について言われ始めましたが、「次は絶対にこの人」と言われるような、いわゆる「キャラ」の立った政治家は見当たりません。次世代を担うリーダー的存在がいない昨今の状況をどのようにご覧になっているのでしょう。

井上　政治家の「キャラ」が立っていないことの理由としては、ひとつには若い人にとって政治家という職業に対する魅力が非常に低下しているからではないでしょうか。魅力のない職業だから、「こういう人こそ政治家にして自分の地盤を継いでもらいたい」という有力な人があまり出てこない。だから2世議員、3世議員が増える。やりがいの面でも収入の面でも、若い人たちが政治家というものを目指すべき職業と思っていないということがあって、そうした傾向がずっと続いている以上、思いがけない魅力のある人が出てくる可能性というのはどんどん減っているのではないでしょうか。

――次世代の総理候補として世論調査で挙がる名前としては、河野太郎氏や小泉進次郎氏などが目立ちます。

井上　河野太郎さんみたいな人がなぜ若い層から支持を受けるのかという点には関心があります。河野さんは政治家の中でもネットをいち早く利用した人です。我々の業界からしても、たとえば「科学研究費の申請書の書き方が前時代的でひどい」というような声が上がると、河野さんは「そうだそうだ」と乗ってきて、すぐに書式が簡略化されたりする。このように身近で起きた困ったことに対して、「この人なら解決してくれそうだ」というイメージが魅力的に映っているのでしょう。

学習院大学の大学祭で、講演のために河野さんを呼んだサークルがあったのですが、その時も抽選入場になるほどの人気ぶりでした。そのような若い人たちからの支持が自民党の派閥政治の中でどれほどの影響力を持っているのか、というのはまた別の話になりますが、国民的な人気はこういう人に集まるということなのでしょう。

小泉進次郎さんもメディアやSNSなどではさんざん揶揄《やゆ》されているけれども、いずれあのような「キャラ」が立った人が首相を目指して政治の表舞台に出てくるのだろうとも思います。小泉さんにどのような政策があるのか、疑問がなくはありません。しかしポピュリズム政治の現実は動かし難いところがあって、ポピュリズム政治を利してトップに上り詰める人はこれからも出てくるのでしょう。

安倍政権が広く支持を集めた理由

――在任期間が歴代最長となった安倍晋三元首相に対する評価はいかがでしょう。

井上　毀誉褒貶《きよほうへん》の甚だしい政治家でした。安倍元首相の政治指導として肯定的に評価すべきは、国民に向かって自分のやりたいことを明確にしたことです。消費税を8％から10％へ上げる際にも国民に是非を問うために解散総選挙をしています。普通は増税をして有権者が喜ぶはずがないので、できることなら選挙などしたくない。しかし安倍元首相は自分のやっていることに信念がある。それで解散総選挙をして、実際に勝っています。安倍元首相の政治指導は民主主義のプロセスを踏まえていました。

――安倍元首相のイデオロギーは右翼的だと批判されることも多かったのですが、選挙結果を見れば有権者の多くが安倍さんを支持していた。

井上　安倍元首相はご自身の政治イデオロギーとは異なる考えを持つ人にもなるべく支持を広げようとしていました。自民党は「労働者よりも資本家」の政党でしょう。それなのに安倍元首相は、経団連に対して労働者の賃金を上げるように求め、景気をよくするためには賃金を上げなければいけない、そうした当たり前の考え方を持っていました。資本家に労働者の賃金を上げるように求めるとはまるで共産党のようです。有権者はこういった動きを真面目に受け取って、「安倍さんは国民生活のことをちゃんと考えているんだ」となり、支持率も上がっていったのです。

――第一次安倍内閣では「美しい国づくり」などの主張を打ち出したものの、閣僚の不祥事が続くなどして参院選に惨敗。直後に健康上の理由で退陣することになってしまいました。

井上　そのことについての反省もあって、できるだけ支持層を広げる努力を心掛けたのではないかと思います。安保法制の整備に関しては2015年の前後に激しい批判も受けたのだけれども、「その結果、日本が戦争をしやすい国になった」とは言いすぎでしょう。むしろ、整備したことで自衛隊のやるべきことが法律上に定められたのだからよかったではないかというようになりました。この意味で筋は通した人だと言えるのではないでしょうか。

モリカケ（森友学園・加計学園）問題など黒に近いグレーな部分もありました。安倍政権に限らず、どんな政権でも長期化すると腐敗は必ず起きるものです。古くは吉田茂内閣も、サンフランシスコ講和条約を結んだ1951年頃には国民からの支持が非常に高かったのに対して、第五次内閣の1953年頃になると汚職まみれで、その支持率も惨憺《さんたん》たるものでした。

――安倍政権に関してはおおむね肯定的にとらえておられるのでしょうか。

井上　こういうひねくれたことを言うと怒られそうですが、安倍元首相が在任中に「今日、買った本」として百田尚樹さんの本をネットで紹介していたんですね。何か意図があってやったことに違いありません。それにしても学術書ではなく、エンターテイメント性の高い一般書をあえてセレクトしてしまうあたりに、知的虚栄心のなさが垣間見られます。それでも百田さんの本の熱心な読者からの支持は得られるでしょうから、ひとつの戦略だったのかもしれませんが、たとえば大平正芳さんなら経済学の教科書に「第3回目の読了」と記したり、宮澤喜一さんなら「今年の夏は軽井沢の別荘で岡義武先生（政治学者）の本を読むことが多かったです」などと言っていたりするわけです。

現在は大衆社会状況が行き着くところまで行っているので、そんなふうに知的な見栄を張ってみたところで、必ずしも国民の支持にはつながらないでしょうが、そうしたポピュリズム政治の悪循環が生じている日本の現状に対しては悲観的にならざるを得ません。

「ブレーン不在」で政治が劣化

――自ら大衆に迎合して、ポピュリズムを招いていたということですか。

井上　国のトップに立つ人なのですから、イメージ戦略としてもうちょっと見栄を張って「こんなに難しい本を読もうとしているんだ」というアピールがあってしかるべきではないでしょうか。

現実の政治の問題としても、たとえば佐藤栄作の日記を読むと、１９６４年に中国で核実験が行われたときにはすぐに東大の原子力の専門家を呼んで話を聞いていて、さらには原子力の施設へ見学に行ったりもしています。ところが今、新聞に出ている「首相動静」を見ると、ほとんど官僚か政治家としか会っていないのですね。これは第二次安倍内閣の時代からとくに顕著になったように思います。

かつてはちゃんとしたブレーン、さまざまな分野における専門家などに会って話を聞いていたのだけれども、今では官僚がそれを代わりにやっている。しかし官僚は官僚でしかなく、政策ブレーンとは役割が違います。そういうブレーンを政治に生かすという面においても、政治が劣化しているのではないでしょうか。

――首相が官僚としか話をしなくなったことには何か理由があるのでしょうか？

井上　直接的な理由としては、たとえば安倍政治が官邸中心の政治を進めていくときに、一番指示を出しやすいのが官僚だったということです。漠然と考えているアイデアを官僚に伝えて、具体的な政策としてまとめさせる。まさに自分たちの手足として使える存在だと言えます。

しかし、かつての自民党の政治家たちは、吉田茂のような「学者好き」がいました。彼らには知識人に対する理解やリスペクトがあって、専門家の知識を自分の政策に生かそうとしていたのです。ところが直接にはとくに安倍政権が長期化して以降、政治家と官僚だけで物事を進めるというのがひとつの大きな潮流になっているように見えます。菅内閣のときにはそういった状況を変えようという試みが多少はありました。しかしそれはどちらかと言えば、ビジネス界の専門家たちが重用されていたのであり、もっと人文社会科学などへの理解があってもよかったはずです。

――岸田内閣では財務省の出身者や官僚が周りを固めているなどと言われます。

井上　大平正芳さんなどは当時、望み得る最高のブレーンを集めて、今の視点で見ても立派な理念を掲げていました。大平さんの評価されるべきところは、そのブレーンの人たちをたとえ反自民であっても構わない、あるいは反資本主義でもいいからと、とにかく優秀な人を集めたのですね。そして彼らの政策提言を自民党として実行していこうとしました。大平さん自身にも、そうした一流の知識人たちの言っていることをきちんと理解できるだけの知性がありました。

専門家の提言を政治家がしっかりと理解する。そのうえで、それを政策に落とし込むのが官僚の役割です。そうやって政治家・官僚・知識人の三者の関係がうまく回っていました。それが今では政治家と知識人のつながりが細くなっているのです。

――大平さんというと「アーウー宰相」という物真似の印象ばかりが強いのですが、首相在任当時から政治家としての評価は高かったのでしょうか。

井上　大平さんの「環太平洋連帯構想」は現在の視点から見ても非常に斬新だったと思います。ただし当時の国際情勢とはかみ合わないところがあったのもまた事実です。大平さんは「ソ連というのはむしろ臆病なぐらいの国で、対外行動では慎重な国だ」と思っていたのですが、ソ連によるアフガン侵攻が始まったことで、そうした前提が崩れてしまいました。

――東西冷戦のさなか、ソ連の脅威がことさら騒がれていた中で、大平さんは冷静に

対処しようとしていた、と。

井上　大平さんの見立てのとおり、ソ連というのは非常に慎重だということでよかったのだと思いますが、それを言っているタイミングでアフガン侵攻があって、そうすると一般の人から見れば「なんだ、大平さんの言うことは間違っていたじゃないか」ということになります。そういう不幸な偶然に見舞われてしまった側面はありましたね。その後、選挙戦のさなかで急死してしまいました。道半ばで終わったために、同時代においては正当な評価を得られませんでした。

しかし研究者の立場に立つと、大平時代というのは非常に高く評価されています。大平さんのブレーンを務めた人々のうち、かなりの人たちが次の中曽根康弘内閣に引き継がれていったことで、中曽根さんの右寄りの路線は多少なりとも左側に修正されました。私が大学生の頃、いわゆる「意識高い系」の同級生たちは「中曽根が首相になったら日本はファシズム国家になる」なんて言っていましたが、幸いにもそうはなりませんでした。

中曽根さんは「日本列島を不沈空母にする」などの過激な発言が有名ですが、外交における最初の訪問先としてアメリカではなく韓国を選び、東アジアにおける地域安全保障の枠組みを作ろうとしていたし、靖国神社への参拝も1回（1985年）だけにして中国との関係において事を荒立てないように注意しています。こうした慎重な姿勢になったのは大平ブレーンの影響だと言われているのです。

おそらく、中曽根さん自身もそうしたことをきちんと理解していたのでしょう。中曽根さんは大学時代、矢部貞治《ていじ》という政治学の先生のもとで指導を受けており、戦後も矢部からいろいろとアドバイスを受けています。学者に対する敬意があって、その意味では立派な政治家だったと思います。

〝選挙互助会〟と化した政策派閥

――今の自民党には、そのような人材が見当たらないのでしょうか。

井上　吉田茂の頃には党内に反吉田勢力がいて、その代表的な人物が岸信介でした。鳩山一郎もそうですが、とても同じ自民党とは思えないほどの路線の違いがあって、それによって疑似政権交代みたいなことが党内で機能していました。ただし、今ではかつてのような政策派閥というものがほとんど認識できなくなっています。同じひとつの派閥であっても考えの違う議員が入り混じっていることもあって、「この派閥とこの派閥ではいったいどこが違うのか」といった状況も見られます。

岸田さんの派閥は、もともとは池田勇人《はやと》が立ち上げた宏池会ですから、歴史的系譜で考えれば経済優先で軽武装の路線を取っていたはずです。しかし今では「戦後安全保障政策の大転換」とまで言われるほど軍事費の増額に積極的です。軽武装で経済優先の路線だったはずが、なぜこのタイミングでGDP2%の防衛力増強を目指し、増税も断行しようとするのかという点については違和感を抱く人も少なくないでしょう。安倍さんの派閥が言うのならわかるのですが、逆にそちらのほうでは今、高市早苗さんみたいな人がかつての吉田－池田路線のようなことを言っています。

以上のことからわかるように、派閥は政策派閥ではなくなって、単なる選挙互助会になっているかのようです。「どこの派閥に属していれば選挙に勝てるのか」ということで派閥を渡り歩こうとする人もいて、こんなことでは政策を練り上げて政治家として成長することは難しいでしょう。

――政治状況はどんどん悪くなるようにも見えますが、何か突破口はあるのでしょうか。

井上　社会情勢がより深刻になって、そこから再び立ち上がることを待つしかないのかもしれません。世論調査レベルで見れば、国民の大半は政権交代があったほうがいいと答えています。政権交代がないと癒着や腐敗なども生まれるので、与党にも常に緊張感を持ってもらいたいということなのでしょう。しかしそうだからといって、野党の体たらくぶりは目に余るものがあります。消去法で「やっぱり自民党に頑張ってもらうしかない」ということになるのですが、国民の多くが危機感を持ち、「このまま自民党に任せていたら、生活が本当にダメになる」「たとえ力不足でも、とにかく野党にやらせてみよう」と思うところまで行き着かないと、変革は難しいのかなと思います。

ただし、希望がまったくないとは思いません。今の若い人たちは少なからず、「政治は政治、社会は社会として自分たちで何とかしていこう」と考えているようにも思うのです。若い世代の間では、政治の世界のウエイトが相対的に小さくなっていて、それ以外の世界が広がっているようなところがあります。政治的にはそれぞれ立場の違いがあるにせよ、たとえばLGBTの人たちへの理解や「男女平等なんて当たり前」という意識、ハンディキャップのある人たちへの温かい眼差しなど、古い考えの高齢者世代が見習うべき素養を自然と身に付けているように見えます。

礼儀正しくて正直だということも、多くの若い人たちに共通しているようで、その点では日本社会はけっして絶望的な方向に突き進んでいるわけではないと感じます。

――若い人たちがそのように変わったのは何かきっかけがあったのでしょうか。

井上　２０１１年の東日本大震災がその後に大きな意味を持ったのではないでしょうか。それぞれの人間が自由勝手なことばかりやっているのではなく、たとえ自由が多少制約されたとしても「秩序をきちんと維持すること」は自分たちの生命財産を守るためには大事なんだ、という考えがより一般的になっていったようです。

言わずもがな、自由と秩序というのは対立関係にあります。どちらを大事にするかというと、私のような古い世代は、自由こそ人間にとって必要不可欠なものだ、秩序なんかのために制約を受けるなんて真っ平ごめんだというふうになるのだけれど、最近の若い人たちの多くはそうではありません。秩序の中に自分を位置付けることによって初めて自分の身の安全が守られる、その秩序が保たれる範囲内で自分がやりたいことをやるんだという意識が強い。そういう意味では規範意識がとても強くなっていると言えます。

コロナでも海外では行動制限やマスク着用に市民が反発して暴動が起きたりしましたが、日本ではそんなことはありませんでした。逆に「マスク警察」といってマスクをしていない人を自主的に取り締まる、下からの検閲みたいなことが起きました。

矛盾を抱えたまま「終わらない」戦後

――それによって政府の規制にも理解を示しやすくなり、権力者にとっては好都合になるようにも感じられます。

井上　そうかもしれませんね。おそらく若い世代の多くの人は「自分自身」と「日本という国家」を同一視する感覚をそれほど持ち合わせていないのでしょう。

現実問題として今の日本は、あらゆる数字的指標が「日本、最高！」みたいなことは言いたくても言えない厳しい状況に陥っていることを示しています。他方で、秩序を維持するためには何かしら政治の力が必要で、そういった時に政治の側が一定の枠組みを与えるということになれば、若者も「まあ、それは仕方ないことなんじゃないか」ということになる。国土強靭《きょうじん》化計画でも何でも、自分ではどうしようもできないことについては政治でやってください、多少自分の自由が制限されても政府がそういうふうにやっていくのは仕方がない、という感覚があるように思います。

――それとともに、政治に対する諦観というか、絶望感が深まっているようにも思います。保守が改憲を唱えリベラルが護憲にこだわるというような、保守とリベラルのねじれがあることで、有権者にとっては「どうすればいいんだ」とどこか呆《あき》れて匙《さじ》を投げるような感覚も生じているのではないでしょうか。

井上　良くも悪くもそれが日本的だということですよね。なぜそうした矛盾が生じたのかと言えば、結局のところ、次のような外交安全保障の基本路線が一番長く支持されたからです。すなわち憲法9条と日米安保は矛盾するけれども両取りする。憲法9条があるので自国から外国へ攻めに出て行くことはしません。防衛費はできるだけ減らします。でも何もしないでいるわけにもいかないので、代わりにアメリカに頑張ってもらいます。そうして自前でやるべきところをアメリカに委ねることで経済成長ができたのだと思い込んでいます。このような「9条＝安保体制」が基本的には戦後から今に至るまで同じように続いています。

敗戦によって、アメリカに主権を奪われて占領下に置かれたのですから、本来、保守というのは反米でなければならないはずです。占領はけしからん、と批判してアメリカからの自立を求めるのが保守のはずなのに、岸信介のような反米感情を持つ人であっても、「日米安保条約を廃止するよりも、日米関係を対等にしていこう」というぐらいのところを目指しました。他方で、かつては反米だった野党も、今では日米安保を廃棄しようという主要な政党などほとんどありません。共産党だって、日米安保即時廃棄とは言っていません。そうすると結局、日米安保がいろいろな問題を内包しているとしても、これに代わる他の外交安保の枠組みが見出せない以上、これからも続いていくのだと思います。

なぜかと言えば、日本においては戦後がいつまで経っても終わらないからです。戦後の日本の歴史とは敗戦国としての歴史というところがあって、極端なことを言えば、戦後を終わらせるためにはもう一回戦争をして勝つしかない。ロジカルに考えるとそれが一番わかりやすいのですが、それは現実にはあり得ません。もう一度戦争をするということ自体がそもそも難しいし、ましてや勝つことなど余計に難しいのですから、そのような原理的な解決はできない。それゆえに、扱い方こそ異なるものの、戦後は同じような問題が連綿と続いている。それが解決しないまま、現在に至っているということなのですね。

――今の日本の政治の空気感が戦前に近いのではないかと指摘する人もいます。

井上　表面的に見れば北朝鮮がミサイル実験をするとか、台湾有事が起こるのではないかといった戦争の予兆みたいなものが迫っています。その中で敵基地攻撃能力を備えるという話になれば、戦争を身近なこととして感じるようになるのも当然の成り行きでしょう。そうした情勢が戦前と似ているのではないかという指摘は、半分は正しいと思います。しかし本当にそうだったのかな、と疑問を抱くところもあります。

満州事変が起きたとき、国民はそれがどれほどの問題なのかということがわかっていませんでした。新聞やラジオは独自の取材をすることができなかったので、軍からの情報を垂れ流すしかなかった。そうすると「あれは中国の仕業だ」という報道になって、国民がそうした情報を鵜呑《うの》みにして流されるのは無理もないことでした。

しかし、今はさすがにそうではないでしょう。むしろ「戦争の危機」を懸念する人が論陣を張るぐらいに多様な考え方に接することができる時代になっている。メディアも多様化しており、新聞だけでも産経や読売、朝日や毎日がある。あるいは海外の報道や独立系メディアのレポートもネットで簡単に入手できます。このように多角的な情報を基に分析することができるようになっているのです。表面的には戦前と今の情勢が似ているように感じられたとしても、再び1930年代のようになるのかと言えば、そこまで悲観的になる必要はないと思います。

戦前とて軍事政策一辺倒ではなかった

井上　また戦前でも、たとえば満州事変が1933年に一区切り着くと、国民の間からは「もうこれ以上軍事費を増やす必要はないんじゃないか」「それよりも昭和恐慌を脱するために、民生部門に予算を投じたほうがいいんじゃないか」という声が上がって、高橋是清《これきよ》大蔵大臣が巧みな采配を振るいました。軍事費も陸軍と海軍の間で融通し合って、陸軍が譲歩して海軍のほうに少し予算を譲るというようなことまでして総額をなるべく増やさないようにしながら、景気をよくしていくために民生部門にお金を使ったのです。

その甲斐《かい》あって、昭和10年、11年には景気がよくなりました。今では想像しづらいのですが、敗戦後の日本は「あの昭和10年、11年の水準に回復することを目指そう」というぐらいに日本経済がうまくいって、あらゆる経済指標がよくなっていたのです。戦前に高橋財政があったことと比較すれば、現在はむしろ戦前よりも状況が悪いと言えるかもしれません。しかし逆に見れば、いくら景気がよくても戦争は起きてしまうのだとも言えます。

昭和11年には二・二六事件が起きますが、この時に国民は豊かさを保守する側に立っていたので、事件に対しては非常に冷ややかでした。3日後に事件が鎮圧されると、たくさんの人たちが日比谷や銀座の街に繰り出して映画館を訪れるなどしていました。それに対して、昭和7年の五・一五事件では、最初こそ殺害された犬養毅《いぬかいつよし》首相への同情が集まったものの、裁判が始まると首謀者たちへの同情が強くなって、減刑嘆願運動が大規模に展開されることになりました。これは安倍元首相の銃撃事件と非常に似ているようにも思えます。事件の直後には、国民の間で安倍元首相に対する哀悼の気持ちが高まって、お葬式では献花に訪れた人々が沿道に長い行列を作ったりしました。ところがほどなくして旧統一教会との政治的な癒着や犯人の動機などが大きく報じられるようになり、一部のリベラルな人は口を滑らせて「悲しいとは思わなかった」などと発言するようになったのです。

もちろん、心から安倍元首相を悼んでいる国民もたくさんいるでしょう。しかし、事件が起きなければ、旧統一教会被害者救済法もできなかったのもまた事実です。

戦前も「戦争、戦争」と軍事政策一辺倒だったのではけっしてなく、山あり谷ありでした。今も同じように山あり谷ありだという点では似ていると言えますが、1930年代が戦争へと一直線で進んでいたという認識は明らかに間違っています。のちの時代を生きる私たちはその後、大きな戦争になったことを知っているけれど、そこに至るまでの道筋はけっして平坦なものではなかったのです。

当時も今も、日本は独裁国家ではありません。選挙のたびに有権者は意思表示をする機会がありました。有権者にはその時々で違った考えがあって、その結果として今があるという事実は覆せません。

――戦前も大衆はしっかり政治に関わっていた、と。

井上　そうだと思います。そして選挙に関しては戦前のほうがむしろ切実さがあったと思います。当時は投票率が70～80％もありました。それほどまでに選挙に行くのは大事なこととされていて、大半の人が本心から「清き一票」を投じていたのです。

女性参政権についても、実は戦前の段階でタイミングを見計らって実施しようとしていました。具体的には地方選挙から始め、その後は国政にも導入しようということで、政友会と民政党の2大政党が「どちらの党の婦人参政権案のほうが有権者にとってよいのか」というところで競っていたのです。女性参政権は占領軍からの押し付けというよりも、戦前から「女性にも参政権がなければおかしいだろう」という考えがありました。もともと市川房枝などが既成政党と妥協をしつつ、時には軍部とも連携しながら参政権を得ようと尽力していて、その結果として戦後の第一回総選挙（1946年）では女性参政権が実施されたのです。当時は中選挙区制だったので「じゃあ候補者のうち、一人は女性にしてみよう」という試みの結果、票がたくさん集まったことで、この第一回総選挙では多数の新人女性議員が当選しました。

現在の状況を前に悲観的になってしまうかもしれませんが、一人ひとりが少しずつ考え方を修正していけばトータルでよい方向へ進むことはできるのです。一人ひとりに大した力はないと思うかもしれないけれど、それなりにできることをやっていけば「放っておいたらよくない方向に行ってしまうであろうことも、何とか軌道修正できる」ことにつながるはずです。

いのうえ・としかず　１９５６年生まれ。東京都出身。一橋大学大学院法学研究科博士後期課程満期退学。法学博士。１９９３年、学習院大学教授。２０１４年から２０２０年まで同学長を務める。昭和戦前期の日本外交についての研究をまとめた著書『危機のなかの協調外交』（山川出版社）で吉田茂賞などを受賞。２０１１年、第12回正論新風賞受賞。近著に『はじめての昭和史』（筑摩書房）『広田弘毅　常に平和主義者だった』（ミネルヴァ書房）『矢部貞治　知識人と政治』（中央公論新社）など。

第四章

「選挙＝市場の信任」だと錯覚した〝株式会社〟自民党

内田 樹（思想家・神戸女学院大学名誉教授）

この四章からは2021年8月~9月にかけて取材したインタビューを掲載する。当時はまだ安倍元首相が存命で、菅政権であった。そのため安倍・菅政権の批判が中心になっているが、その指摘は古くなっていない（2024年3月）。

・・・

民主党から政権奪取を果たし、長期安定政権となった第二次安倍内閣。しかし2020年、新型コロナウイルス感染症という世界的危機に対し有効な策を見出せないまま突如幕を引き、その後の菅政権も後手後手の対応に回った。「盤石の一強体制」と呼ばれていたはずなのに、なぜこうも杜撰《ずさん》な危機管理しかできなかったのか。むしろ、トップダウン方式だからこそ稚拙な対応しかできない日本になってしまったと語るのは、内田樹氏だ。戦後、55年体制と呼ばれていた頃の自民党政権と安倍・菅政権の対比から、現代の政治、現代の日本に巣食う病理の正体をひもとく。

（取材日：2021年8月21日）

――菅内閣の支持率は下落の一途を辿《たど》り、2021年8月の報道各社の支持率は30%を切りました。この1年間の菅政権の動きをどのように評価されていますか。

内田　随分長く日本の政治を見てきましたけれども、正直言って、最低の部類に入るんじゃないかと思います。ひと昔前だったら内閣が吹っ飛んでしまうような事態が、第二次安倍政権以降何度もあったけれども、ここまでひどい内閣というのは過去に例がなかった。

たとえば2021年8月6日、広島での平和記念式典でのスピーチが象徴的でした。菅さんは丸々1ページ、核廃絶に向けた日本の立場を示す約120字の原稿を読み飛ばしてしまい、結果的には意味の通じないセンテンスを発語してしまいました。

僕が一番驚いたのは、そうした「意味をなさない言葉」を平然と読み続けた点です。普通、無意味なセンテンスを発してしまったとき、気持ち悪さを感じて言い淀《よど》んでしまうものです。しかし菅さんは、意に介する様子もなく堂々と読み切った。普段も官僚がつくったメモをただ読んでいるだけで、その日も同じだったのかもしれませんが、意味のない言葉を口にしても気にならない、非常に強い「無意味耐性」を持つ人だと感じましたね。

――いつも棒読みするばかりで、意味のある言葉を持ち合わせていない。

内田　政治家にとって一番大切な能力は、国民に言葉を届かせる力です。これまでの出来事をどのように評価して、これから何をするべきか、届く言葉で語ることが不可欠なはず。雄弁でなくとも、「私の気持ちを理解してほしい」という真率な思いがあれば、言葉は伝わります。でも、菅さんはそもそも国民に言葉を届かせる気がなかった。「言葉を届けること」より「言質を取られないこと」のほうを優先した。これは、政治家としては致命的な振る舞いだと思います。官房長官だった頃のこのコミュニケーションを拒否する姿勢を「鉄壁」などと持ち上げて、国のトップに就くのを許してしまったメディアの責任は重いと思います。

――言葉でアピールするという点では、たとえば小泉純一郎元首相などは、非常に言葉巧みだったという印象を多くの人が持っていると思います。

内田　小泉さんもしばしば言葉が空疎でした。「人生いろいろ、会社もいろいろ（年金加入問題を追及された時の発言）」とか、「自衛隊が活動している地域が非戦闘地域だ（イラク特措法における「非戦闘地域」の定義についての答弁）」とかありました。でも、彼の場合、詭弁《きべん》を弄しているときには、ごまかしているという自覚はあって、顔にやましさが浮かんでいました。でも、安倍・菅の二人は、嘘をつくことに対するやましさをまったく感じさせない。ただ言葉が流れていくだけで、ためらいがない。そこに違いがあると思います。

ですから、小泉純一郎的雄弁というのは、言葉によって国民の耳目を引きつけるだけの力があった。大きな反発があるなかでも郵政民営化やイラク戦争への加担といった政治的決断をできたのは、「そこまで言うなら、小泉さんに下駄を預けようか」という国民の支持を集めるだけ言葉に力があったからです。

しかし、安倍・菅からは「ぜひ自分を支持してほしい」と懇請する気持ちが伝わってこない。賛否の判断に迷っている国民の袖を掴《つか》んで、自分のほうに引き寄せるという気が感じられない。自分の支持者から拍手喝采されることはあてにしているのでしょうけれども、自分の反対者や無党派層を説得して、一人でも支持者を増やそうという気概がまったく感じられなかった。

「味方がよければすべてよし」というネポティズム政治

――安倍・菅両氏が、国民からの支持形成に熱心でないのはなぜでしょうか。

内田　有権者の過半の支持を得なくても選挙には勝てることがわかったからです。選挙をしても、国民の約5割は投票しない。だから、全体の3割の支持を受けられれば選挙では圧勝できる。今の選挙制度でしたら、3割のコアな支持層をまとめていれば、議席の6割以上を占有できる。だったら、苦労して国民の過半数の支持を集めるよりも、支持層だけに「いい顔」をして、無党派層や反対者は無視したほうがむしろ政権基盤は盤石になる。そのことをこの9年間に彼らは学習したのです。

――つまり、自分を支持してくれる人の歓心を買うことしか念頭になかったと。

内田　敵と味方に分断して、味方には公費を費やし、公権力を利用してさまざまな便宜を図る。反対者からの要望には「ゼロ回答」で応じて、一切受け付けない。それが安倍・菅的なネポティズム（縁故主義）政治です。森友学園、加計学園、桜を見る会、日本学術会議、すべてそうです。

ネポティズムというのは発展途上国の独裁政権ではよく見られます。韓国の朴正熙《パクチョンヒ》、フィリピンのマルコス、インドネシアのスハルト政権など、長期にわたって独裁的な政権を維持した国ではどこでも独裁者とその取り巻きたちが公金を私物化し、公権力を私的に利用していました。けれども、どの国でもある時点で、民主化闘争が起きて、公的なリソースはその政治的立場にかかわらず国民に等しく分配されなければならないという考えが常識になった。それが近代民主主義というものです。

しかし、安倍・菅政権では、開発途上国のようなネポティズム政治への逆行が進んだ。普通はありえないことです。ネポティズム政治を続けていれば、社会的公正が損なわれ、統治機構に対する国民の信頼が傷つき、国際社会における地位の低下をもたらす。つまり、国力が低下する。そんなことは誰でもわかっているはずなのに、安倍・菅政権はあえて後進国の統治形態を目指した。

普通、こんな政治が続けば国民は怒りを感じて、選挙で野党に投票して、政権交代を目指すはずですが、日本ではそれが起きなかった。現政権から「いい思い」をさせてもらっている支持層は自己利益を確保するために投票に行くけれども、何を言っても、何をしても、まったく政治に意見が反映されないという無力感に蝕《むしば》まれた人たちは、投票に意味を感じなくなって、投票さえしなくなった。その結果、投票率が50％を切り、有権者全体の4分の1を超えるくらいの支持を固めれば選挙に圧勝できるという「必勝の方程式」が完成した。

アメリカを最優先に配慮するナショナリストという「ねじれ」

――彼ら二人が政権の座に就いて実現したかったこととは、何だったのでしょうか。

内田　安倍さんの場合はかなり屈折しています。彼の見果てぬ夢は「大日本帝国の再建」です。ただし、ひとつだけ条件がつく。それは「アメリカが許容する範囲で」ということです。アメリカの「お許し」を得て、大日本帝国的な統治システムとイデオロギーを復活させること、それが安倍晋三の野望です。主観的には、祖父・岸信介の果たされなかった夢を受け継いでいるつもりなのでしょう。ただ、問題は日本は太平洋戦争でアメリカの若者たち16万5000人を殺した「旧敵国」だということです。大日本帝国の軍事的再建をアメリカは自国の安全保障上、絶対に許しません。もう一方で、米軍は日本の自衛隊を米軍指揮下で自由に運用したいと思っているし、アメリカの軍産複合体は在庫で余っている兵器を日本の自衛隊に売りつけたい。だから、限定的には軍備を拡充することは許すけれども、米軍のコントロール下での活動しか認められないという条件は譲らない。

その結果、安倍さんの「大日本帝国再建計画」は「アメリカの許諾を得て、アメリカ以外の国と戦争する権利」を手に入れるというきわめてねじくれたものになっています。その権利さえ手に入れられれば、国際社会でもっと「大きな顔」ができると思っている。日本が中国や韓国や北朝鮮に侮られているのは「戦争ができない国」だからだと彼は思い込んでいます。

憲法を改正して、「アメリカの許諾さえあれば戦争ができる国」になれば国際社会での地位が高まると彼は信じている。でもそれは、日本は主権国家ではなく、アメリカの軍事的属国にすぎないということを国際社会に向けて改めてカミングアウトすることにほかなりません。「日本はアメリカの属国だぞ」と大声で宣言することによって、国際社会から崇敬の念を抱かれ、隣国から恐れられると本気で思っているとしたら、かなり思考が混乱していると言わざるを得ません。

その一方で、国民の基本的人権を制約して、反政府的な人は徹底的に冷遇し、弾圧することについては安倍・菅政権はきわめて熱心に取り組み、見事な実績をあげてきました。それは、この点についてはアメリカの許諾が不要だからです。

アメリカは自国益に資すると思えば、どんな独裁者とも手を結びます。アジアや中南米の独裁者たちがどれほど非民主的な政治を行っても、同盟国である限り、アメリカはまったく気にしなかった。ですから、日本の極右が「大日本帝国再建」のために国内をいくら非民主化しても、アメリカは口を出しません。この点については日本に政治的なフリーハンドが与えられている。

大日本帝国の再建のためには何よりもまず日本の統治者であり続ける必要がある。そのためには、アメリカから「属国の代官」として承認される必要があり、そのためには自国益よりもアメリカの国益を優先する必要がある。こうやって安倍は「アメリカの国益を最優先に配慮するナショナリスト」という非常にねじくれたものになった。でも、この「ねじれ」は深いところでは日本人全員が共有しているものです。

――日本社会の根底に、その「ねじれ」が今もあると。

内田　「対米従属を通じて対米自立を果たす」という「ねじれた」国家戦略を戦後日本は選択しました。それ以外の選択肢がなかったのだから仕方がありません。まず徹底的に対米従属する。そして、同盟国としてアメリカから信頼を獲得する。しかるのちにアメリカからある日「これまでよく仕えてくれた。これからはもう一本立ちして、自分の国は自分で差配しなさい」と「のれん分け」を許される……というシナリオを戦後日本人は夢見てきました。従業員が主人に尽くせば尽くすほど「自立」の日が近づくと信じるのと同じです。ですから、まことに不思議なことですけれども、「もっとも対米従属的な人が、もっとも愛国的な人である」という図式が戦後日本では成り立ってしまいました。

でも、この「ねじれ」は日本人全員が深いところで共有してきたものです。日本人が集団として抱え込んでいる自己欺瞞《ぎまん》を安倍さんは際立った仕方で演じて見せたにすぎません。それが彼が一部の日本人から熱狂的な支持を得た理由でしょう。

これに対して菅さんには、そもそも実現したい幻想的なビジョンがありません。就任して最初に挙げたスローガンが「自助、共助、公助」でした。国民に向かって、「自分のことは自分で始末しろ。手が足りなかったら周りを頼れ。国にはできるだけ頼るな」とまず公言するところから仕事を始めた。国民に向かって、「できるだけ国に仕事をさせるなよ」と言ったわけです。普通、政治家になるのは国民のために何か「よきこと」をしたいからですが、彼は別に実現したい政治目標がなかった。興味があるのは、権力者の座に辿り着くことだけだった。そのための裏工作や恫喝《どうかつ》は得意でしたけれど、政権の座に上り詰めてから、やりたいことは何かと考えたら「できるだけ国民のためには仕事をしたくない」というのが一番やりたいことだったということに気がついた。

「民間ではありえない」の掛け声が自民党の懐の深さを奪った

――1955年以降続いた長期自民党政権と今の自民党政権とでは、政治の質はどのように変わったのでしょうか。

内田　55年体制当時の自民党は、ハト派からタカ派まで、立場を異にする人たちが集まっていました。たとえば、僕のかつての岳父も自民党の代議士でしたが、戦前は日本共産党の中央委員で、特高に捕まって拷問された経験を持っていました。逆に、岳父の叔父は、戦前は農本ファシストだったけれども戦後は社会党の国会議員でした。だから、「所属政党は違うけれど、人間はよく知っている」ということが多々あったわけです。そういう人間的なネットワークが基になって、与野党が裏側で落とし所を探りながらものごとを進めていくといった、55年体制のいわゆる「国対政治」はできていたのだと思います。

自民党の内部でもイデオロギー的な統一性はなかった。だから、ある政権がきわめて不人気な政策をとって支持率が急落した場合でも、「疑似政権交代」によって、有権者の目をそらして、政権を維持することができた。

岸信介内閣の時、60年安保闘争で国論が二分したあとには、「寛容と忍耐」「所得倍増」を掲げる池田勇人内閣が登場して、「不愉快な隣人とも共存する」という国民融和が図られた。佐藤栄作内閣の時代にはベトナム戦争をめぐって国論が二分しましたけれど、次に登場した田中角栄内閣は「日本列島改造論」を掲げて、全国民が経済的に受益する政策によって国民融和を図った。分断的な政治家のあとには融和的な政治家が登場して、国内の対立を鎮める。そういう「二人羽織」のような巧妙な術を使うことで、自民党の長期政権は維持された。

――田中角栄の時代には「五大派閥」が互いに拮抗し、「角福戦争」と呼ばれる事態にも発展しました。

内田　僕の知り合いで、学生時代に過激派だった男が、就職先がなくて、父親のつてで田中角栄に頼み込んだら「若い者は革命をやろうというぐらいの気概があるほうがいい」と言って就職先を紹介してくれたそうです。彼はたちまち越山会（田中角栄の後援会）青年部の熱心な活動家になった。たしかに目くじら立てて「排除する」より「抱き込む」ほうが政治的な費用対効果はいい。こういう技を駆使する「食えないオヤジ」たちがかつての自民党にはたくさんいました。

立たないヤツ」を差別化して、「役に立つヤツ」に多めに配分し、「役に立たないヤツ」には何もやらないようにしよう、と。その頃からです、生活保護受給者へのバッシングとか、「もらいすぎ」の公務員叩きとか、格付けとか評価とかいうことがうるさく言い出されたのは。どれもやっていることは同じです。もう「パイ」が大きくならないのだから、自分の取り分を増やすためには他人の取り分を減らすしかない。どうすれば「他人の取り分を減らす」ことができるか。その理屈を考えることにみんな夢中になった。「外国人」や「反日」や「あんな人たち」は公的支援を受ける資格がないという話を人々がするようになったのは、資源分配で「他人の取り分」が気になるようになったからで、要するに日本人が「貧乏になった」からです。「貧すれば鈍す」です。

株式会社化というのも、この時に出てきた「格付け」趨勢《すうせい》のひとつの現れです。株式会社では能力よりも忠誠心が重んじられる。上位者の命じるものであれば、「無意味なタスク」であっても黙って果たす人間が重用される。「こんな仕事、意味ないじゃないですか」と直言する人間は嫌われ、排除される。忠誠心とイエスマンシップを勤務考課で最優先に配慮する。これが株式会社の人事の最大の弱点なんですが、「株式会社化した自民党」もこの弊害を免れることができなかった。

――トップダウンによる意志の統一は、一見、組織を強くするように思えますが。

内田　株式会社でCEOへの全権委任が許容されるのは、先ほども言いましたけれど、経営判断の適否についてはマーケットが判断を下すからです。トップの経営判断にマーケットがすぐに反応する。マーケットから「退場」を命じられたCEOは黙って去るしかない。「失敗したらすぐにクビになる」という保証があるから、CEOに暫定的に全権を委ねることができるのです。

でも、政治についても同じことが言えるかというと、これは言えないわけです。というのは、ビジネスにおける「マーケット」に相当するものが政治においては何であるかについて、社会的合意がないからです。

僕は政策の適否について判断を下す「マーケット」は国際社会における地位だと思います。ある政党が政権を担当している間に、その国の国力はどれくらい向上したのか、国際社会における外交的なプレゼンスはどのくらい重くなったか、その国の指導者の言葉に国際社会はどれくらい真剣に耳を傾けるようになったのか、その国をロールモデルにして、「あの国の成功例に学ぼう」という国がどれくらい出てきているか……そういう指標に基づいて、政治の成否は初めて判定できると僕は思います。

たとえば、コロナ対策であれば、同じ問題に世界中の国が同時に取り組んだわけですから、その成否は客観的指標に基づいて正確に判定できます。人口当たりの感染者数、死者数、検査数、ワクチン接種率、医療体制……そういうものを比べれば、日本政府の「点数」ははじき出される。でも、日本政府はそういうことを絶対にしませんでした。というのは、彼らにとっての「マーケット」は国際社会における地位ではないからです。

では、何が「マーケット」かというと、それは「次の選挙」です。次の選挙で勝てば、それは政策が「マーケット」の信任を得たということであり、政策が「正しかった」ということを意味する。政治家もメディアも、みんなそう言い立てています。「次の選挙」で多数の議席を取れば、それはこれまで行った政策はすべて「正しかった」という民意の信任を得たことであるという話になる。どれほど失政を重ねても、すべてうまくいっているようなふりをして、メディアがそのように宣伝して、有権者がそれを信じて投票行動をとれば、すべての政策は「正しかった」ことになる。

喩《たと》えて言えば、マーケットの反応ではなく、社内の人気投票で経営判断の当否が決まる会社のようなものです。いくら売り上げが下がっても株価が下がっても、従業員たちが「経営は大成功している」というプロパガンダを信じていれば、経営者の地位は安泰です。だから、今の政治家たちは実際に政策を成功させることよりも、「成功しているように見せる」ことのほうを優先するようになった。

――コロナ対策についても、さまざまなミスが検証されないままですが。

内田　トップダウンの政体では、失政についての説明は常に同じです。それは「政府の立てた政策は正しかったが、『現場』の抵抗勢力がその実施を阻んだのでうまくいかなかった」というものです。スターリンのソ連も毛沢東の中国も、世界中の独裁政権の言い訳は常に同じです。システムは完璧に制度設計されていたのだが、システムの内部に「獅子《しし》身中の虫」がいて、正しい政策の実現を阻んでいる。すべての失敗の責任はこの「反革命分子」「売国奴」「第五列」にあるというものです。だから、失政のあとには「裏切者」の粛清が行われるけれども、システムそのものは手つかずのまま残る。

今の日本も同じです。コロナ対策でも、「厚生労働省の政策は正しかったが、医療機関や国民が政府の言うとおりにしないので、うまくいかなかった」という話になる。そこから導かれる結論は「だからもっとシステムを上意下達的に再編すべきだ」というものです。憲法を変え、法律を変えて、政府の命じることに逆らう医療機関や市民に罰を与える仕組みをつくればすべてうまくいくということを言う人がいますが、それは失敗した独裁者が必ず採用する言い訳です。

日本人全体の幼稚化が稚拙な政治を招いた

――自民党内で多様性が失われた一方で、野党に対しても「一枚岩ではない」といった批判がよくなされます。

内田　政党が一枚岩でなければならないなんてことをいつ決めたんですか。その理屈から言ったら、共産党や公明党がもっとも「一枚岩」ぶりが徹底しているわけですから、メディアは「共産党、公明党に投票しましょう」と社説に掲げるべきでしょう。そうじゃないと話の筋目が通らない。

綱領や規律できっちり固められた政党もあれば、かつての自民党のようなぐずぐずに緩い政党もある。僕はそれでいいと思いますけどね。綱領も違うし、組織原理も違う、目指す社会像も違う、そういう政党が並列していて、交渉したり、妥協したり、離合集散を繰り返しながら、とにかく国民にとって暮らしやすい社会を実現していく。それでいいじゃないですか。政党がどういう組織であるべきかについて「正解」なんかあるわけがない。メディアが「一枚岩じゃない」「党内で意思統一ができていない」ということをうるさく批判するのは、記者たちが株式会社しか組織を知らないので、「今の政党は株式会社みたいじゃないのは変だ」と言っているだけです。

いろんな政党があっていいんです。有権者は選挙のたびに自分の判断で投票する。地方選挙と国政選挙で、違う政党に投票したって構わない。有権者はどんなことがあってもひとつの政党を支持すべきである。だから政党は単一の方針を貫徹するべきだという発想は幼稚すぎると思います。

立憲民主党がふらふらしてどうも信用しきれないと批判する人がいますけれど、立憲民主党は「ふらふらする政党」なんですよ。それが持ち味なんだから、それでいいじゃないですか。「常に、あらゆる政策判断について正しい政党」の出現なんか期待すべきではありません。どんな政党だって間違えます。間違えたあとに「あれ、間違いでした」と正直に認める政党だったら、僕はそれで十分誠実だと思います。

――政治の世界だけでなく、より日常的な場面でも、白黒はっきりつけろという発想が広がっています。コロナ禍の中ではとくに、さまざまな分断が生じているように感じられます。

内田　敵か味方か、正義か悪かという単純な二項対立でしか政治を理解できないのは、市民的成熟度が低いことの証左だと思います。コロナでも、ワクチンを打つべきか、打たないほうがいいのか、マスクはつけるべきか、外すべきかというようなことが議論されていますけれど、そんなことは、本来科学的なマターであって、イデオロギーの問題じゃないし、まして人格の問題でもない。今までわかっているエビデンスに基づいて、科学者は暫定的な知見を示す。それなら「これくらいのことまではわかっていますから、こんな感じでふるまってください」という大筋の合意形成くらいはできる。それなのに、感染症の専門家でない人たちが、自分でネットでかき集めてきた情報に基づいて、「こうあるべきだ」と断定する。これはまことに非科学的で幼児的な態度だと思います。予見不能の振る舞いをするウイルスによる感染症なんですから、わからないことについては「わからないので、科学者の総意に従う」という節度を保つべきだと思います。

もう一度日本が出直すために求められているものとは？

――日本の戦後教育の中で、そういった合意形成の訓練が十分なされてこなかったということでしょうか。

内田　学校ですべて教えるのは無理です。対話や合意形成の訓練は学校教育の手に余ることです。一人ひとりが自分の社会経験を通じて、どうやって対話を成り立たせるか、どうやって合意を形成するか、試行錯誤を積み重ねていくしかありません。人に習ってすぐにできるようになるというものじゃない。大人たちが、実際に対話して、異論をすり合わせて、合意を創り出している実践の現場を見せて、そこで場数を踏むしかない。でも、今の日本社会では、そういう「民主的な組織」はほとんど見出し難いです。

――こうして見てみると、安倍・菅政権は今の日本の合わせ鏡のようなもので、変えていくのは至難の業のように思えます。

内田　そうだと思います。バブル崩壊から30年かけて、日本はほんとうに衰弱したと思います。経済の指標だけを見ても、世界の株式会社時価総額トップ30のうち30年前には日本企業は21社を占めていたのが現在ではゼロです。これから日本は急激な人口減・超高齢化の局面を迎えます。急落しつつある国力をV字回復させることはほぼ不可能だと思います。

でも、日本にはまだ豊かな国民資源が残されています。温帯モンスーンの肥沃《ひよく》な土壌も、豊かな水源も、多様な動物相・植物相も、あるいは上下水道や交通網、ライフラインのような社会的インフラも、行政や医療や教育も、まだ十分に機能しています。観光資源でもエンターテインメントでもまだ国際競争力はある。この手持ちのリソースを丁寧に使い延ばしていく。再び経済大国になる力はもうありませんし、政治大国として指南力を発揮できるほどのヴィジョンもない。「穏やかな中規模国家」として静かに暮らしていく未来を目指すというのが現在の国力を見る限りでは一番現実的な解だと思います。

――こうした社会変革は、現下の自民党政権では不可能なことなのでしょうか。

内田　いや、そんなことはないと思いますよ。失敗を認めればいいんですから。どうもこの30年ほど「ボタンの掛け違い」があったということを認めればいい。あらゆる組織は株式会社をモデルにして再編すべきだとしてきたことが日本の没落の原因だということに気がついて、「もうそれはやめよう」ということに自民党内の誰かが言い出したら、僕はその人を支持しますよ。

これからの日本は長期にわたる「後退戦」を余儀なくされます。人口はどんどん減っていくし、経済も停滞する。大切なのは、そういうときでも「愉快に過ごす」ということだと思います。そういうときだからこそ、快活である必要があるんです。暗い顔をしていたんじゃ知恵は出ません。後退戦で求められるのは、「いかに負け幅を小さくするか」「いかに被害を最小化するか」です。「どれだけ勝つか」「どれだけ儲けるか」を考えるときだったら知恵も出るけれど「負け幅を小さくする」というような不景気な話じゃ知恵も出ない、という人もいると思いますけれど、申し訳ないけれど、そういう人は「後退戦」には向きません。

うちだ・たつる　1950年生まれ、東京都出身。東京大学文学部卒、東京都立大学大学院博士課程中退。神戸女学院大学名誉教授。フランス現代思想を専門とする傍ら、武道論、教育論など幅広く展開。合気道道場「凱風館」を主宰する。『ためらいの倫理学』（角川文庫）、『日本辺境論』（新潮新書）、『街場の戦争論』『日本習合論』（ともにミシマ社）、『コモンの再生』（文藝春秋）、『コロナと生きる』（岩田健太郎氏との共著、朝日新書）など、著書多数。

第五章

「言論空間」の機能不全が自民党を脆弱化させた

石破 茂
（自民党・衆議院議員）

二章でも語っていただいている石破茂氏。首相候補NO.1の国民的人気を誇る。その理由のひとつが「言うべきことは言う」という民主主義の基本にある。この章でも、その姿勢に揺るぎはない（2024年3月）。

・・・

「こんな人たちに負けるわけにいかない」

2017年7月の東京都議選最終日、秋葉原駅前での応援演説の最中、「安倍やめろ」コールを繰り返す人々に向けて放った安倍首相の一言は、安倍一強体制が陥った傲慢さを如実に反映していた。「こんな人たち」も国民であり、野党勢力も国民の信託を受けた「国民の代表者」である。が、「決められる政治」といった勇ましいメッセージとともに異論を排除し、時に行政手続きさえ歪《ゆが》めて物事を「前進」させてきた安倍政権以降、そんな原則論はすっかり影を潜めてしまった。

議会制民主主義を機能不全に陥らせないためには、異論との対話、野党との議論こそ丁寧にすべきとの「原則」に忠実であろうとした結果、党内で「冷や飯」を食わされているとも言える石破茂氏。第二次安倍政権から菅政権まで、この9年間の自民党

をどう見ているのか。

（取材日：2021年8月25日）

——菅首相のお膝元の横浜市長選（2021年8月22日投開票）、党をあげて応援していた小此木《おこのぎ》八郎さんが大差で野党推薦候補に敗れたという結果は、党内ではどのように受け止められたのでしょうか。

石破　私は2度、応援に入りましたが、ひしひしと〝冷たさ〟を感じました。7月の東京都議会議員選挙の時にも感じましたが、有権者が非常に冷めている。むき出しの怒りでもなく、もちろん激励でもない。私たちは見ていますからね、という冷たさです。

選挙というのは、動員をかけて大きなホールなどに人を集めたところで、何も現実は見えてきません。選挙カーに乗り、自分でマイクを握って走り回る。街頭に立つ。私は選挙というのはそういうものだと思って常にやってきましたし、そうやって有権者と直接向き合うことが自民党の真髄だと思っているけれど、そうしたものが減ってきましたね。

まだ中選挙区制だった1986年、私が最初の選挙に出た時に田中角栄先生から言われたのが「歩いた家の数、握った手の数しか票は出ないんだ」ということ。小選挙区だろうが中選挙区だろうが、知事選挙だろうが市長選挙だろうが、町議会議員選挙だろうが同じだと思っています。そうやってどんなに逆風が吹いても勝てるような政治家でなければいけないし、そういう党でなければいけないと思っていますが、そういった自民党の文化はずいぶん失われたような気がしますね。

今回の横浜市でも実際に街頭に立って、有権者のみなさんの冷たさをひしひしと感じたわけです。しかし、(自民党が)こうした不都合な現実を直視せず、避ければ避けるほど、逃げれば逃げるほど、人の心はますます遠のいていくのではないでしょうか。

――有権者との関係が遠のいたのは、党内でうまく立ち回りさえしておけば、党の公認をもらって比例名簿に入れてもらって、まず議員の席は安泰だろう、というような選挙のあり方も関係しているのでしょうか。

石破　そうだと思いますし、小選挙区制度の弊害は私が幹事長の時代からずっと指摘していることです。２０１２年の政権奪還選挙の時、私は幹事長として選挙の指揮をとったけれど、あの日からずっと言い続けています。野党がダメだから消極的支持としての自民党、という選択で選ばれた自民党は決して強くありません。自民党がいいから自民党、という選択でなければいけないのです。

ところが、きちんと有権者と向き合おうとしなくても、「あんな野党には任せられない」とさえ言っていれば消極的な支持が得られる状態が続きました。そして、「おかしいなあ」と内心思ったとしても、上の言うことを「おっしゃるとおりでございます」と動いていれば、自分の地位は安泰で、いずれ順番が来ればポストがもらえる、と。そういう雰囲気は、やがて組織を蝕んでいくと私は思っています。

厳格な４条件で定められていた獣医学部の新設認可

――組織論として、石破さんのおっしゃることは正論だと思いますが、そういった正

論が共有しづらい空気が、いつ頃から強まったのでしょう。

石破　安倍先生が党総裁で私が幹事長だった頃（2012年9月〜2014年9月）は、まだバランスが保たれていたように思いますね。ですが、私が幹事長を降りて、地方創生担当大臣になったあたりから緊張感のようなものがなくなってきたような気がします。あの頃から、総理に付き従っていれば自分のポストは安泰だ、という雰囲気が急に蔓延《まんえん》したのではないでしょうか。

――石破さんが、その後、大臣のポストを断ったのは、安倍さんとの緊張感を取り戻そうとしたということですか。

石破　そこは少し違います。私は幹事長を2年、地方創生担当大臣を2年拝命しました。その次（2016年）に農林水産大臣というお話がありました。農林水産大臣が嫌だとか、農林水産政策で安倍総理と大きく異なるとかいうわけではありませんでしたが、2015年に安全保障関連法などが審議されたあたりから、政策の進め方において、少しずつ、安倍総理が正しいと思う政治の姿と、自分が正しいと思う政治の姿にズレが生じてきている気がしていました。結局、農水大臣は石破派の山本有二先生にお引き受けいただきました。その後、森友・加計学園問題、桜を見る会の問題などが噴出してきたわけですが、あの時の自分の違和感には理由があったのだろうと思っています。

とくに、地方創生大臣というのは国家戦略特区担当大臣でもありましたから、加計学園の問題は所掌の範囲でした。国家戦略特区として獣医学部の開設を認めるためには、既存の獣医学部では対応できない何かが必要だろう、という議論でした。それはまさしく今の状況に備えるような、未知のウイルスや菌による人畜共通感染症や、兵器に転用されるおそれのある生物・化学剤の研究などが想定され、今まである獣医学部では対応できず、新しく創設しなければならない、という条件であって、それを満たしているのであれば認めましょう、という定義を含めて、閣議決定したわけです。

当時、この条件を「石破4条件」と言う向きがありましたけれども、閣議決定したのだから正確には「安倍内閣4条件」であり、そういう明確な条件でやってきたのです。

ですから、私は加計学園の獣医学部開設について、いいとか悪いとか言っているのではないのです。閣議決定した条件を満たしているのであれば認可する、満たしていないのであれば認可しない。それだけです。で、当初その条件のもとでの新設はかなり難しいという状況にあった。国家戦略担当大臣が私から次の方に代わった。その後、認可された、ということです。

しかし、せっかく認可され新設された加計学園の獣医学部が、今回のコロナウイルス対応において研究を発表されたり、あるいは治験を実施したり、治療薬やワクチンの研究を進めたり、といった活動をされているという報道を私は寡聞にして知りません。まさしく未知のウイルスへの対応が迫られる、このような危機的状況に対応すべく開設したのではなかったのでしょうか？　やはりこういった疑問には丁寧な説明が必要です。

政治家はそれぞれ、自分なりの政治に対する考え方を持っています。ですから、閣僚であれば少なくとも方向性は共有すべきだと思いますし、それが違うと思ったならば、その内閣で閣僚をやるべきではないというのが私の考え方です。

当選11回という自信が信念を後押しする

――党議拘束というものについて、どのようにお考えですか？　閣僚だけでなく、自民党の国会議員としてものが言いづらいという状況が組織内部にあるとして、一方で、党議拘束というものも当然あるわけですが、そのバランスをどう理解されますか。

石破　議論を尽くして民主的なプロセスを経た上であれば、組織の一員である以上、組織の決定には従わなければいけないと私は思っています。アメリカのように、共和党でありながらオバマ政権に賛成するといった議員もいるなど、クロスボーティングがかなり緩やかに認められる国もあります。それもひとつの文化ですが、私自身は、議論を尽くし、民主的なプロセスを踏んだうえであれば、党議拘束というのは意味のあることだと思っています。逆に言えば、議論も尽くさず、民主的なプロセスも経ずに党議拘束をかけると、その時はスムーズでいいように見えても、やがてその組織は脆弱《ぜいじゃく》化していくでしょうね。そのような場面を何度も見てきました。

かつて、宮澤喜一先生が総理大臣の時、政治改革法案のひとつとして、それまで党の方針として掲げて戦ってきた小選挙区比例代表並立制を、比例区を交えない単純小選挙区制という選挙制度に総務会の決定で変えようとしました。われわれ若手は、党で決めて国政選挙もそれを掲げて戦ってきたものを、総務会だけで決めるのは何事か、ということで、せめて両院議員総会でやるべきだと議員宿舎を走り回って署名を集めたこともありました。しかし、結局、改革案は総務会で決まってしまい、宮澤内閣は1993年4月に改革法案を国会に提出します。しかし、国会の審議では妥協点を見出せずに先送りされることとなり、この混乱の責を問われる形で宮澤内閣の不信任案が提出され、可決されました。その後の解散総選挙で自民党は敗れて、細川内閣という連立政権が生まれたのはみなさんもご存じのとおりです。

これまで、何年もかけて議論し、正式な党議決定を行い、選挙公約に掲げてきた選挙制度改革の変更を、総務会内部だけで決めるべきではない。そうした思いで議論を重ねました。結果として下野という苦しい状況があったわけですが、どのような状況においても、物事を決める時には、きちんとした民主的プロセスを軽んじてはいけません。

ところが、今の自民党においては、そうした議論がほとんど起こりません。かつては侃々諤々《かんかんがくがく》、2時間、3時間の総務会もザラでしたが、今は誰も何も言わない。発言するのは、村上誠一郎さんと私ぐらいだったのじゃないでしょうか。正論であればあるほど、言うと角が立つという感じですからね。

――正論を共有できる党内の仲間は、今でもいますか。

石破　まだいますよ。少なくなってはいますが。しかし、正論を唱えることが、今の自民党内で自分のポジションを確保することにはつながらないのですから、仕方ないでしょう、人間は損得で動く動物ですから。そもそも、損得を考えたら、うちのグループ（水月会）にはいないでしょうしね。

私も村上さんも1986年の当選同期なんですね。当時は46人の同期がいましたが、これまで連続で当選11回というのは、もう村上さんと逢沢《あいさわ》一郎さんと私だけじゃないでしょうか。選挙に強いから、言うべきことが言えるということもあるのかもしれません。

村上さんは、今までの議員生活でずっと正論を言い続けてこられました。私もそうありたいと思っています。間違っていることに間違っていると言わないで、上の覚えだけがめでたく大臣になって、どうするんだ、というのが村上さんの思いでしょう。何のために政治家になったのか、ということじゃないでしょうか。

――ただ、入閣することが自己目的化している？

石破　私だって、当選5回の45歳で初めて大臣（防衛庁長官、のちに防衛大臣）になった時、それはうれしかったですよ。政務次官も副長官も務めたので、長官を務める自信もありましたし、正直言って、自分を支えてくれた選挙区に喜んでもらいたいという思いもありました。

だから、大臣になりたいという方々の気持ちを私は否定しません。そのためには、上がおかしいと思っても付き従う、という選択も否定しません。しかし、それは私の政治家としての信条とは違う、ということです。

自民党は「その他大勢」という日本そのものの政党

――逆に言えば、ポストをぶら下げても従わない石破さんは党としては厄介な存在かもしれません。２０２０年の総裁選では、コロナ禍ということもあって（党員選挙を省略するなど）簡略化したなかで菅さんが選ばれたことを、どう受け止めていますか。

石破　党議拘束と一緒で、きちんとした議論もなく、納得も共感もなく、きちんとした手続きを踏まないで決めた物事というのは、その時はいいとしても、長期的には組織が脆弱になっていくということだと思います。自民党が自分たちでやったことで自分たちが潰れていくのは本来はしょうがない、自業自得でしょう。しかし、自民党が潰れてしまっては、いかに自業自得だとしても、日本のためにはならないと私は思っています。

立憲民主党を見ていても、日本維新の会にしても国民民主党にしても、自民党に代わって責任を担っていける党なのかどうか疑問です。そもそも、今の自民党の一強体制が生まれたのは野党の無能ぶりによるものであって、日本にとって大変不幸なことだと思います。

――石破さんにとって、政権交代を任せうる野党の姿とは。

石破　私は、野党時代の自民党で2年政調会長を務め、1年予算委員会の筆頭理事を務めて、最後は幹事長だったけれども、この間に自民党に代わりうる政党が果たしてあるのか、と思うようになりました。

なぜなら、自民党は日本そのものと言える政党だからです。いい加減さも含めて、「その他大勢」の政党なんですよ。日本国民から、特定のイデオロギーや特定の宗教、労働組合などの組織に属している人を除いた、「その他大勢」が自民党なのです。

そして、自民党を支えているのは地方組織です。国会議員があり、都道府県議会議員があり、市町村議会議員があり、という地方組織をきちんと持っている。野党はそこが弱いんです。自民党に代わる党がないからこそ、自民党はいい政党でなければいけない。野党がダメだからといって選ばれる自民党に価値はありません。

――野党は政権交代を担いうる存在としてきちんと異議申し立てをする。その異議にきちんと向き合うことで自民党の政策がよりよくなる。それが国会の本来の役割では。

石破　そのとおりです。与野党できちんとした話し合いをして、そこで法案を成立させていくことが重要です。有事法制の時も、最後まで反対したのは社民党と共産党だったけれど、当時の民主党は全員賛成しました。民主党の筆頭理事の前原誠司さんと、自民党の筆頭理事の久間章生《ふみお》先生が誠心誠意話し合った末の合意でした。

私は議会というのはそういうものだと思っています。過半数の議席を持っていれば、その気になれば法律でも予算でもなんでも通せるんですよ。でも、そんなことをしたら議会の意味はなくなります。重要な法案であればあるほど、重要な予算であればあるほど、多くの賛成が必要です。そのための議会です。だからこそ野党の質問に木で鼻を括ったような答弁しかしないようではだめなんです。

われわれが初当選した当時、先輩方に『野党に賛成してもらうのは無理でも、納得をしてもらえ』と教わりました。政府は国会にお願いして審議に応じてもらうものなのだから、そこを間違えるな、と。このような、野党にお願いして採決に応じてもらうという姿勢が必要です。その過程を通じて、政策に論理的説得力が増していき、多くの国民に理解してもらえるのですから。私たちがこう教わったのは、もう30年以上も前のことですが、今はすっかり変わってしまいました。「こんな人たち」とか「悪夢のような民主党政権」といったようなことを与党幹部が平気で口にする。また、それに同調する人たちがたくさんいるのは不幸なことです。
分断を煽ってても得られるものはほとんどないと思います。

言論空間不在のままの安保政策に危機感

——自民党政権が野党に対する説明を尽くそうとしない姿勢は、いつの頃から顕著になったのでしょうか？　第二次安倍政権以降ですか？　小泉政権で国会の雰囲気が変わったような印象もありますが。

石破　小泉総理ご本人は、たしかに丁寧な説明をする人ではありませんでしたよね。（イラク特措法審議中の国会で）「どこが戦闘地域かなんて、私にわかるわけない」「自衛隊の行くところが非戦闘地域だ」などと答弁して、私も担当閣僚として大慌てでしたよ。それでも、内閣全体として閣僚たちは一生懸命説明を尽くした。国会で理解が得られなければ、街頭にも出て行って訴えた。説明を尽くすとはそういうことでしょう。

私は、亡くなられた筑紫哲也さんの『ニュース23』などにも、当時できるだけ出演するようにしていました。われわれを応援するスタンスのテレビ局や番組ばかりに出てもしょうがない。出演を優先すべきは、われわれに反対の立場のテレビ局であり番組です。筑紫さんは明らかに（イラク特措法や有事法制に）反対の立場でしたから、そういう人と話をしなければダメなんです。国会で議論をしたら、その日の夕方に渋谷でも新宿でも新橋でもいい、街頭に出て話をすべきなんです。

――護憲派と言われる人たちとの対話にも積極的です。

石破　私は9条だけが憲法の論点だとはまったく思っていないのですが、9条については全面改正すべきと言っています。ある意味でライフワークだと言ってもいい。自分が議員の間にどこまで進めることができるだろうか、と考えています。とはいえ、そもそも9条には何が書いてあるのか、その言葉の意味は何かという共通理解がなければ議論になりません。

国の独立を守るのが軍隊で、国民の生命や財産、公の秩序を守るのが警察。同じ国家の実力装置であっても任務が違う。そして国の独立を脅かす対象が出てきたら戦わなければならないけれど、その時は国際法に則ってやるべきだと。そこまではおおよそ共通の理解が得られるかと思います。

その先、わが国の最強の実力集団であるところの自衛隊は、司法、立法、行政できちんとコントロールしなければ民主主義は崩れてしまう、と。であるならば、国会で制服自衛官が答弁することもなく、どうやって立法によるコントロールができるんだと私は思うわけです。また、戦場において守られるべき法秩序は一般社会におけるそれとはまったく異なる。だから、国際法や自衛隊法に基づく専門的な裁判所を、最終審ではなくとも設けなければ司法によるコントロールが効くことにはならない、ということをお伝えして初めて、きちんとした議論ができるんです。

今、「自衛隊は軍隊ではない、なぜなら必要最小限度だから」という解釈でこの国の防衛は成り立っています。しかし、そんなまやかしをいつまでも言っているから、国際社会での理解も得られない。ところが「石破さん、あんたの言うことは普通の人には難しいんだよ」なんて言う。そんなに難しいことを私は言っていない。相手を説得する気がないから、そんなことを言ってごまかしてしまうのです。

――個別的自衛権の行使ならば、というのが共通の前提になりそうですが、そこの議論も、まだ十分に尽くされていません。

石破　同じ敗戦国でも、ドイツは日本とまったく逆で、個別的自衛権は行使しないこととしています。ナチスドイツの反省として、ドイツの国益のみで軍事力を行使してはいけない、と。ですから、他国と協調する集団安全保障、いわゆるNATOですね、ドイツ国軍はそれしか参加しない。日本と真逆です。また、今は停止していますが、長年、ドイツは徴兵制を維持してきました。私は、2度ほどドイツに行って意見交換して回ったのですが、その理由を尋ねたところ、軍人である前に市民であれ、ということなんだと言うのです。

軍人が市民から乖離《かいり》した時に、ナチスドイツは生まれました。ヒトラーユーゲントや突撃隊といった、正規の軍隊とは異なる実力集団を養成してナチスは政権を取ったわけですが、いかにしてそうした動きを阻止するか。自分の子どもや夫、親しい人が兵隊に取られるかもしれない、ということになって初めて、どうあっても戦争は反対だという強い意志になるのだという。戦争は職業軍人がやるからわれわれは関知しないということだと、本当の戦争反対にはならないのだと言っていました。つまり、ナチスを生み出さないための徴兵制であり、集団安全保障だ、と。論理的なドイツらしい話だと思いました。

日本は、そういう議論自体、してはいけないような空気が続いていました。集団的自衛権と言ったら「アメリカと一緒に世界の果てまで行って戦うのか」、あるいは「お前、徴兵制論者なのか」ということになって、まともに冷静な議論ができない。議論に国民が参加しない国の安全保障は、私はとても怖いと思いますが、そういう言論空間が存在しない。

護憲派も改憲派も、どのような国防のあり方を目指すのかという基本に立ち返ることで、きちんとした対話が可能になるはずです。ところが、そうした言論空間が不在のまま、国の安全保障の根幹に関わることがなし崩し的に決まっていく。この状況は危険でしょう。

この言論空間の不在にはメディアの責任も大きいですよ。このところ取材に来る記者は、あなた総裁選に出るんですか、出ないんですか、という話しか聞かない。政局に終始して、肝心の政策論議など、どうでもいいのでしょうか。

七転八倒しながら解を見出す努力

――安倍・菅政権では、記者会見の場においても、言葉の空疎さが際立ちました。

石破　私は自分が理屈で納得できなければ動かないので、相手も同様だと思うのです。だから、徹底した議論のないまま、権力者に付き従えというのは私にとっては大問題です。選挙では、有権者を信じるなんてきれいごとだという人もいるでしょうけれど、この国は国民主権である以上、政治の側が説得する努力を放棄してはいけないのです。国民を信じない政府というのは、やがて国民によって倒されると思っています。

実際のところは、たとえば憲法9条について語っても票にはつながりませんよ。パーティー券だって売れやしません。下手したら右翼と間違えられます。ですが、軍隊の本質とは何か、国民の軍隊であり続けるには何が必要か、それを主権者たる国民に自分事として議論してもらわなければ、国の安全保障というのは究極的には担保できないのです。

政治家に必要なのは、たとえ自分の損になっても、公のために正しいことが言えるかということに尽きるのではないかと思っています。それができなければ政治家なんか辞めたほうがいい。金を儲けたいのであればビジネスマンになればいいし、真理を探究したいだけであれば、学者になればいいと思います。

——ですが、公のための正しさと言っても、100人いれば100通りの正しさがあるわけで、それをすり合わせることがとても難しい。

石破　たしかにそのとおりです。しかし、税金のシステムだとか、自衛隊をいかにコントロールするかといった国の大きな政策は、個々の利益とは少し違いますよね。

消費税というのは逆進性がありますから、格差の広がった社会においては、所得の高くない人には大きな負担となって、格差と分断をさらに広げてしまう作用がある。資本主義社会の行き着く先は格差と分断で、それを修正するために福祉国家という概念が出てきた。そうであるならば、消費税の持つ構造的な問題をいかに解決していくか、といったことを含めた、新しい分配を考えるのが政治でしょう。

　真実を見つけようとすると、苦しいことがたくさんあります。原発ゼロと言い切るのは気持ちいいけれど、どうやったら原発ゼロが実現できるのか。核のない世界は結構なことだけれども、核を持っている国に対してどのように抑止力を持つのか。核がない世界、原発のない世界を実現するという理想に向けて、七転八倒しながら、解を見つけ出す努力を続ける。そうやって必死に見つけた解も、世の中に受けないことが多い。むしろ嫌われる。でも、それを語る勇気を持たなければならないと思っています。

愛をささやく情熱を持って言葉を尽くしたか

――そうした保守の本懐を自民党が取り戻せるでしょうか。

石破　保守とは何かというと、私は寛容性だと思っています。相手の主張を聞く耳を持ち、受け入れる度量を持つ寛容性が保守の本質であって、いわゆる右寄りの主張が保守だとはまったく思いません。一方、リベラルも同様です。リベラルとは左翼のことではありません。リベラルの本質も寛容性にあるはずです。どちらも、相手の言うことを聞く寛容性、受け入れる度量、あるいは受け入れられないのであれば、なぜ受け入れられないかをお互いに納得いくまで説明する努力。それこそが、保守とリベラルに共通する本質ではないでしょうか。

私は1986年の最初の選挙で渡辺派から出馬しましたが、田中派から渡辺派に円満移籍した当時、渡辺美智雄先生から聞かされた話があります。

「何のために国会議員になりたいのか。カネのためか。先生と呼ばれたいからか。いい勲章をもらいたいからか。そんなヤツはここから去れ。勇気と真心を持って真実を語る。それ以外に政治家の仕事はない」

なんだか当たり前のことのようですが、これが私の政治家としての原点なのです。当選までの間の1年8カ月、私はこの渡辺先生の話をカセットテープにしてもらって、ずっと車の中で聞いていました。

自分で七転八倒して真実を見つけようとすること、見つけた真実を語る勇気、さらにそれをわかってもらえるまで説明するという真心、それを自民党に取り戻したいなと思っていますが、こんなこと言っても、全然受けないですね。

——説明しようとする真心を、菅さんに見出すことはできるでしょうか？　菅さんの政治家としてのモチベーションはどこにあるのでしょう。

石破　私は菅総理ではないので、そのモチベーションはわかりません。ですが先日、毎日新聞日曜版にある「時代の風」というコラム欄で、私が尊敬している藻谷浩介さん（日本総研研究員・主著に『里山資本主義』ほか）が主張されていた点は、鋭いと思いました。菅総理が原稿を読まれることについて、〝愛の告白をするときに、原稿を棒読みする者はいない〟という指摘でした。たしかにそのとおりで、相手に愛を伝えたい時に原稿を棒読みしませんよね。相手の心に届きませんから。

国民を説得するわけですから、頼むから僕と一緒になってください、と言うのと同じくらいの情熱を持ってやらなくては届かないのだということを、藻谷さんは言いたかったのではないでしょうか。もちろん、わが身に照らしても十分にできているとは思いませんが。

第六章

自由闊達な議論がなくなれば民主主義は容易にファシズム化する

村上誠一郎（自民党・衆議院議員）

安倍一強の時代、執行部に物言えない空気がただよう自民党内において、異論を唱え続けた数少ない自民党議員の一人が村上誠一郎氏である（2024年3月）。

・・・

村上氏は閣議決定による集団的自衛権の行使容認からの安全保障関連法、特定秘密保護法、共謀罪などの強行採決に反対し、学術会議の任命拒否における菅政権の対応などに対し、歯に衣着せぬ批判をしてきた。愛媛2区にて連続当選11回という実績が村上氏の政治家としての信念を後押しするが、問題はその信念を受け継ぐべき若手が果たして今の自民党内で育つかどうかだ。

（取材日：2021年8月20日）

――菅首相のお膝元である横浜市長選挙での自民党候補惨敗は、直近のコロナ対策の失敗だけでなく、これまでの与党の政権運営に対する強烈な「ノー」の意思表示であったとも言えます。第二次安倍内閣以降、菅政権までの9年足らずで、自民党に何が起きたのでしょうか。

村上　率直に言って、安倍・菅政権は、自民党のすばらしいところを全部壊してしまったと言えます。私が35年前に愛媛2区から衆議院議員に初当選した当時、自由民主党は文字どおり自由闊達《かったつ》で、1年生議員であろうと10回当選した議員であろうと変わりなく、部会や委員会で平等に、自由に発言できました。周りの議員も黙って発言を聞いていましたが、話している人間を頭のてっぺんからつま先までじっと人物鑑定をしていたわけです。政治家としての資質が試される場であり、若手を育てる場でもありました。

ところが、今や党幹部に意見する人間、官邸の意に反した発言をした人間は人事で登用されません。そのために党内から自由な議論が消えてしまった。

十数年前までは、税制調査会には税の専門家である山中貞則さんなどがおられて、ほぼ全員参加のような形で夜遅くまで侃々諤々議論をしていたわけです。総務会も同じです。総務会とは、会社で言えば取締役会と同様なものです。かつては梶山《かじやま》静六さん、加藤紘一《こういち》さん、亀井静香さん、粕谷《かすや》茂さんなど、一言居士な人が多くいました。そういった人たちの賛成をいかに得ていくかということで、2時間も3時間もかけてつつあります。

議論を重ねていたわけです。ところが今や、総務会や部会で活発な議論がなくなり

――自由な議論を封殺するような空気が蔓延してしまったということですか？

村上　ここ7、8年はそれが顕著ですね。理由は明白で、すべて官邸主導になってしまったからです。本来、政策決定のプロセスというのは、官僚も政治家も、さまざまな意見を自由に出し合うべきなのです。たとえば官僚からA案B案C案と具体案を出してもらって、それを最終的にわれわれ政治家が判断すべきであるところ、ここ数年は常に官邸の言うとおりの政策になってしまいました。内閣人事局が人事権を行使して官僚からの意見を封じ込めました。一方、政治家に対しては選挙の公認とポストの人事権で党執行部に対する党内の批判も押さえ込みました。

それがもっとも端的に表れたのが、閣議決定によって法解釈を変更し、強引に押し通した東京高検検事長の定年延長問題でしょう。当時の検事長・黒川弘務さんを検事総長にしたいがために、完全に法律をねじ曲げようとしたわけです。このようなことが許されるわけがないと思います。検察庁法というのは特別法で、国家公務員法は一

般法です。一般法で特別法の解釈変更ができないということは、法律のイロハであり、法を勉強した者には自明のことです。ところが、当時の法務大臣は解釈変更できると明言し、国家公務員法の勤務延長の規定を適用して黒川さんの定年を延長させてしまいました。

――あの時も、官僚は国会での答弁を訂正させられていました。

村上　衆議院の予算委員会での出来事ですね。人事院の松尾恵美子局長が、「検察官に国家公務員法は適用されないとする解釈は現在まで続いている」と一度は答弁したのを、数日後に「〝現在まで〟という言葉の使い方が曖昧だった」と撤回させられた。官邸からの圧力があったことは容易に想像できます。さらには、苦しい答弁を続ける彼女に向かって「帰れ、帰れ！」と声をあげたのが閣僚席に座っていた外務大臣でした。私はそれを見た時、本当にびっくりしました。官僚が良心の呵責《かしゃく》に苛まれていた時に、あのようなことを言っていいものかと思いました。自民党はここまで変容してしまったのかと愕然《がくぜん》としました。

――その後、解釈変更を正当化するような形で検察庁法の改正案が提出されました。

村上　強引に法律の解釈をねじ曲げて、改正法案をあとから提出しました。それに対して党の総務会で最後まで反対したのは、結局私一人だけでした。そして法案がそのまま国会に提出されてしまったわけです。が、ご存じのように元検事総長やマスコミもこれは大問題だと取り上げて、世論の反対の声が巻き起こって廃案になりました。ここは民主主義がかろうじて機能した結果でしょう。

選挙と人事権と政治資金を握った者は、誰でも一強となりえる

――なぜ自民党から議論が消えてしまったのでしょうか。

村上　やはり小選挙区制になったことが大きいと思います。それまでの中選挙区制では、それなりに広い選挙区で当選者も複数いたわけです。中選挙区では、みんな自分で組織をつくり、支持者とともに選挙区で戦ってきました。ところが、小選挙区制になって何が起きたか。党の公認と比例名簿の順位、これらすべてを党の執行部に握られてしまった。

党の公認を外される厳しさが一気に具現化したのが、小泉政権の郵政民営化選挙でした。あのとき、小泉さんは郵政民営化に反対した自民党議員は公認せず、その選挙区に党公認の刺客候補を送り込みます。たとえば東京10区に送り込まれた小池百合子氏が、民営化に反対した小林興起氏を落選させるなど、刺客候補は次々と対立候補を落選させていきました。議員たちは、党執行部の意向に逆らうと大変なことになる、ということを思い知らされました。

しかも、比例名簿の順位も能力などの客観的な基準があればいいのですが、非常に恣意的で、執行部に対する忠誠心で決まってしまう傾向があります。こうした選挙システムでは、執行部がよほど公平に対応しない限り、全体主義的な組織に変容してしまいます。

党幹部の独裁が強まるにつれて派閥も弱体化しました。これにより、新人の育成や政策の立案といった、それぞれの政治家が足腰を鍛えるチャンスが失われた。さらに公的助成金、党の資金、そして官房機密費といった資金もすべて、党幹部と総理総裁に一極集中しました。選挙とポストと資金を握られたら、政治家はもはや喉元を抑えられたも同然です。言いたいことを言えなくなってしまいます。

つまり、「安倍一強」などと言われてきましたが、このシステムがある限り、安倍さんであろうが誰であろうが「一強体制」はできてしまうのです。

――結果として、おかしいと思っても党内で声をあげることが難しくなった。逆に言えば、なぜ、村上さんは今でも党幹部を批判する声をあげることが可能なのでしょう。

村上　私は党の執行部に選挙で頼る必要がないからです。公認がなかったとしても選挙区で戦うことができる。中央からの応援など小選挙区になってから受けたことはありません。地元の県会議員や市会議員や市町村長のみなさんたちに応援していただいています。これで十分です。

そもそも、正しくないことを間違っていると言わなかったら、国会議員になっている意味がないのではないですか。ポストのために、間違っていると思いながら忖度したら、政治家として責任を果たしていないことになります。

今は100年前と世界の状況が似てきているので、私は大変危機感を持っています。100年前に何が起きたか。スペイン風邪の世界的大流行ですね。当時、18億人程度の世界人口のおよそ半数近くが感染し、５０００万人以上の方が亡くなったと言われています。当時は人口が急激に減少することで経済も縮小し、１９２９年に大恐慌が起こりました。こういった危機に直面すると、国民は政府に全面的に頼ろうとして全権を委任し、結果としてファシズムが台頭します。

翻って現代。世界人口79億人のうちコロナウイルスによって亡くなったのは４６３万人（２０２1年9月14日現在）と言われていますから、当時のスペイン風邪ほどの規模ではありませんが、とはいえ変異種などが次々と出てきて今も感染拡大が世界規模で止まりません。フランスではマリーヌ・ルペン率いる極右政党が地方選挙では敗れたものの、いまだに政権交代を狙って存在感を示しています。五輪選手の亡命で注目が集まったベラルーシは、ルカシェンコによる独裁政権が続いており、フィリピンでは独裁的な気質のドゥテルテ大統領（現在はマルコス大統領）が政権を握っています。世界では今や民主主義国家のほうが少数派になりつつあります。歴史は繰り返すという教訓を忘れず、ファシズム的な政治状況が生まれやすくなることを警戒しつつ外交の舵《かじ》取りをすべきで、意識して外交政策を行わなければなりません。

政治には知性・教養・品性が必要

――2014年、憲法の解釈を閣議決定で変更し、集団的自衛権の行使を容認したのが安倍政権でした。

村上　私はあの時、集団的自衛権に強く反対しました。なぜならば、もしも台湾を巡って米中の緊張が極端に高まり、米中戦争が勃発したら、台湾には米軍基地がありませんから、日本の沖縄か岩国から米軍が出撃することになるでしょう。そうなれば、自動的に集団的自衛権に巻き込まれてしまう可能性があります。集団的自衛権の行使容認を主張していた議員たちはこの危険性を認識していたのでしょうか。

集団的自衛権を認め推進する人たちは、行使容認の根拠として、駐留米軍は憲法違反ではないという1959年の「砂川判決」を持ち出してきました。論理性がないまま、なし崩しで、日本の安全保障の根幹に関わる物事が決められてしまいました。

――結論ありきですべての議論が進んでいたような印象を受けました。

村上　閣僚から党三役まで、みんな総理のイエスマンになってしまいましたからね。かつての党三役と言えば、幹事長時代の中曽根康弘さん、総務会長の鈴木善幸さん、政調会長の河本敏夫さんなど、みなさん時の総理総裁に意見していました。慎重に議論を繰り返しながら党としての意見をまとめてきました。ところが、最近はＧｏＴｏキャンペーンやオリンピック開催等、みんながイエスマンになってしまい、慎重な議論が起きるはずもありません。前述の中曽根さん、鈴木さん、河本さんのような見識のある人々を責任のある重要なポストにつける必要があります。

――公平な人事とは。

村上　たとえば、中曽根さんは自分が総理総裁となった時、まったく意見の異なる後藤田正晴さんを官房長官にあえて起用しました。そういう器と度量があったのです。ところが、安倍さんの人事には4つのパターンしかありません。

まず1つ目がＮＡＩＳ（根本匠《たくみ》・安倍晋三・石原伸晃《のぶてる》・塩崎恭久《やすひさ》）の会のお友達メンバー。2つ目のパターンが高市早苗氏、稲田朋美《ともみ》氏、有村治子《はるこ》氏のようなライトウイング。3番目が小渕《おぶち》優子氏や小泉純一郎氏、麻生太郎氏、鈴木俊一氏といった、元総理の一族。そして4番目が、萩生田《はぎうだ》光一氏や西村康稔《やすとし》氏といったイエスマンの側近たち。この4つのパターンで人事を回しているだけ。同じ考えのお友達かイエスマンだけで構成された党に、ダイナミックな政策やビジョンのある政治は望めません。

右寄りの派閥政治が続き、復元力を失った自民党

――自民党内の間違った人事が、組織を硬直化させてきたということ。

村上　もうひとつ重要な視点が、安倍さんの母体である清和会。清和会というのは、自民党のライトウィングでしょう。もともとの自民党には「振り子の原理」が働いていました。たとえば、コンピューター付きブルドーザーの田中角栄さんのあとは、クリーンイメージの三木武夫さん。そのあとは経済の福田赳夫さん、次はリベラルの大平正芳さん、といった具合に、振り子が左右に振れるようにバランスの取れた政治を行ってきました。

ところが、森喜朗氏以降、小泉純一郎氏、安倍氏、福田康夫氏と4人清和会が続き

ます。一人置いて再び安倍氏に戻ってしまいました。自民党の一番のライトウィングがずっと続いたことで党自体が右傾化し、復元力がなくなってしまいました。これが、自民党の政策が片寄ってしまった大きな原因となりました。今まで、中道右派だった宏池会、竹下派等が、自民党の中心でなくなってしまいました。私のような中道左派は極左扱いになってしまいます。

――本来の自民党のよき伝統が崩れてしまった。

村上　それまでの自民党は、難しいポストで一生懸命汗を流した人を人事で登用するという流れがあったのです。ところが今や、お友達か同じイデオロギーの人か、総理一族かイエスマンしか登用しなくなりました。広島選挙区の河井克行・案里夫妻を見てもわかるとおり、忖度していれば他候補の10倍もの政治資金とともに議員の椅子が用意されるし、閣僚のポストももらえるわけです。そのような状況で誰が真面目に仕事をする気になりますか？　結局、安倍・菅政権は自民党のよき伝統を破壊してしまったのです。

――このままでは自民党から人材がいなくなるという危機感はありますか。

村上　今の自民党に緊張感がないのは、野党側に人材がいないという問題もあります。このままでは政治家を目指すよい人材が永田町に来なくなるのではないか、という危機感があります。

一人でも、正しいことは正しい、間違いは間違いだと言い続けてきたのは、自民党にも多様な意見があるとみなさんに思ってもらえるのではないかという思いからです。しかし、永田町は小選挙区制度の下、この20数年間でどんどん劣化してしまいました。官僚も内閣人事局による人事の運用で忖度官僚が蔓延してきました。

これらのために永田町と霞が関にまともな人材が来なくなったら、政治と行政は誰がやるのか、という危機感しかありません。そんな状況を加速させてしまったのが、権力の行使（人事権の行使）は抑制的であるべきという基本を無視した安倍・菅政権だったのです。このままでは日本がダメになってしまうのではないかと私は心底心配しています。

「戦後レジームからの脱却」を掲げつつ戦略なき外交

――一方で、安倍さんは「戦後レジームからの脱却」ということに力を入れて、党是でもある憲法改正に非常に熱心な姿勢を見せていました。

村上　あれは安倍さんの好みの世界です。現憲法はアメリカの押し付け憲法だと言う人もいますが、日本人だけで最初からあのような憲法をつくることができたでしょうか。平和主義、主権在民、基本的人権の尊重がきちんと練り込まれた憲法を制定できたことは、戦後日本にとって、非常に重要な意味を持つと思います。ただ、天皇制を残すことと引き換えに米国を尊重することが外交の基本となってしまった。それが今も大きな問題として残っています。

一方で、財政、金融、社会保障制度の枠組みをいかに持続可能なものにしていくかという内政における喫緊の課題は、安倍政権下では完全になおざりにされてしまいました。

――安倍さんにとって、憲法改正への意気込みと対米従属の外交に矛盾は生じなかったのでしょうか。

村上　対米外交といっても、ほとんど内容もないので矛盾が生じようもなかったのではないでしょうか。トランプ大統領が来日した際は、国技館の相撲観戦に招待していましたが、天皇陛下でさえも2階の御在所で観戦されるというのに、トランプ大統領のためにマス席を買い占めさせていましたね。一体何をやっているのかと思いました。米国は、対日赤字をどう減らすかということが最優先課題なわけですから。そこで日本は、相手の要求のままにイージスアショア、F35などの武器を買わされ、次は農産物を買わされつつあります。

今、世界は二酸化炭素削減を謳《うた》って電気自動車を積極的に推進していますね。ですが、この本当の目的は日本の自動車産業の競争力を弱めることです。ガソリン自動車は必要な部品も多く、高度なテクノロジーが求められました。ところが、電気自動車というのは部品も少なくて、どこの国でも生産できてしまう手軽さがある。その意味で、日本の自動車産業の優位性が骨抜きにされようとしているのです。

このように安倍さんが戦略なき外交を展開している間に、日本の国益はどんどん失われてきたのではないでしょうか。対ロ外交も、北方領土に取り組んでいるようでしたが「2島返還」という無駄な譲歩をしてプーチンに利用されただけでした。拉致問題についても何も進展がないままに終わっています。

内閣人事局による官僚支配でコロナ対策も失敗

――コロナ禍でも、戦略のなさが露呈したように思います。

村上　危機管理能力のなさが露呈しましたね。ダイヤモンド・プリンセス号の船内での感染拡大ばかりに気を取られて、2020年の春節の時に中国からの観光客を大勢入国させました。経済効果（爆買い）を優先させたため、初動で大失敗したと言えます。

さらなる大失敗は、菅氏と二階氏が主導したGo Toキャンペーンによって感染爆発を招いたこと。これも経済を優先させた結果です。

PCR検査も徹底できず、ワクチン接種率もOECD加盟国中最下位という状態がしばらく続きましたが、オリンピックをなんとしてでも開催して人気を挽回したいという大前提があり、その政治的思惑に合わせて政策を行ってきたため、危機管理が十分にできませんでした。1年以上たった今も、重症者用のベッドの確保が十分できずに次々と自宅で亡くなられています。

――コロナ対応においては政治主導で官僚の能力を十分に発揮してもらうことが重要だったと思われますが、そこがうまく機能しなかったのはなぜでしょうか。

村上　官僚の知識や経験や能力をうまく使うのが本来の政治主導ですが、菅氏は官房長官時代から人事で官僚を抑え込もうとしてきました。本来の政治主導とは違う趣旨で官僚に言うことを聞かせてきました。内閣人事局によって官邸が人事権を広く掌握したことで、官僚は官邸の望む政策に迎合せざるを得なくなった。

オリンピックに固執し続ける官邸に対し、感染対策にフォーカスするような選択肢を提案することは官邸の意向に楯突《たて》くことです。ゆえに官僚の側からは言い出せません。結果として経済活動の優先政策に転換せざるを得なくなり、各省庁はその対応に合わせるしかありませんでした。

安倍政権以降の、この仕組みの弊害は明らかです。官僚の専門知識を生かそうという謙虚さを持たず、官邸の意のままに官僚を動かそうとするだけの官邸主導は、もはや失敗しか生みません。人事で抑え込んでしまうと、官僚は正論も本音も言えなくなってしまうわけですから。結果として、有為な人材ではなく、言うことを聞く人材ばかりが優遇されていく。優秀な人が能力を発揮するのではなく、官邸の言うことを聞く人間ばかりが重宝がられることで、政治家と官僚のバランスが完全に崩れて機能しなくなっています。この弊害の大きさに、政治家や国民は早く気づくべきです。

政治家が矜持を持って正義と道義をつらぬくべき

――菅氏は裏方の人というイメージが強く、広島の平和記念式典での原稿読み飛ばしに象徴されるように、総理として強く発信したい自らのメッセージがあるタイプではなかったように思いましたが。

村上　なぜ菅氏が安倍政権を継承することになったのか？　安倍氏は今までの森友・加計・桜を見る会等の責任を追及されたくなかった。

ご存じのとおり、当時の安倍政権において、森友学園の文書改ざんや、加計学園の獣医学部開設において「総理の意向」が働いた疑惑、あるいは「桜を見る会」という公的行事の私物化など、数々の疑惑が噴出していました。とくに森友問題においては近畿財務局の方が亡くなられています。数十年前であれば、財務大臣や官房長官が即辞任するような事態です。

ところが、改ざんの指示をしていた佐川宣寿《のぶひさ》理財局長は、あろうことか国税庁長官へと出世していました。最終的に彼は森友問題の責任をとって辞任しますが、刑事責任を問われることもありませんでした。結果として、安倍氏は肝心なことは何も明らかにしないまま首相の座から降りてしまいました。そして、後継者に菅氏を据えることで、責任追及から逃れようとしたわけでしょう。「桜を見る会」問題においては、公職選挙法違反などで告発された安倍氏は不起訴となりましたが、検察審査会から不起訴不当とする議決が出されましたから、東京地検特捜部の再捜査と判断の行方が重要です（再捜査の結果、２０２１年12月28日、再び不起訴となった）。

いずれにせよ、こういった隠蔽体質ゆえに、これらの問題が一向に解決せず、国会でそのほかの重要な議論までもが前に進まないというのは非常に不幸な事態です。後ろめたいところがある人には、きちんとしかるべき責任を取ってもらって早く決着させて、課題山積の政治を前に進めていかなければいけません。

――山積する課題のひとつとして、財政再建をあげておられますね。

村上　アベノミクスでは、財政出動と金融緩和、そして成長戦略ということを掲げたわけですが、コロナ対策における財政出動で財政は破綻寸前。金融緩和はＧＤＰの80数％まで国債を引き受け、出口戦略が見つからなくなりつつあります。成長戦略はいまだに何も出てきていません。アベノミクスは、官製相場によって円安株高にしただけで、結果として日本全体の産業の競争力を弱体化させてしまいました。

何よりも、社会保障と財政と金融が独立して機能していたのが、どれかが破綻したらすべてが破綻するという状況になりつつあります。今や、名目ＧＤＰに対する国と地方を合わせた借金の残高はＧＤＰの２５０％になっています。戦後ハイパーインフレを起こした第二次世界大戦中と同じような状態に近づいています。このままの状態にしておけば、日本の財政は完全に行きづまります。持続可能な社会保障制度というものを設計しなおさなければ、次世代は生き残れません。しかし、いまだに党内ではアベノミクスの継承などと無責任なことを言う総裁選立候補者がいます。

――小選挙区制度で握られている以上は、党内に自由闊達な議論は取り戻せない？

村上　しかし、公認だのポストだのが握られているからといっても、官邸の方針を批判したところで、今の時代、命の危険はないでしょう？　かつて三木内閣で通産大臣だった河本敏夫先生は、旧制姫路高校時代、軍事教練に行った陸軍高岡射撃場で、反軍演説を行いました。「満州侵略はだめだ、銃を捨てて平和のために努力しろ」と演説したそうです。当然ながら問題になり、警察に連行されて退学処分になった。復学もできないし就職先もない。帝国大学進学への門も閉ざされてしまいました。

かつて河本先生に「姫路高校の時に反軍演説をやって退学になると思いませんでしたか」と聞いたことがあります。先生は「思ったよ」とたった一言。私がもし、河本先生と同じ立場だったら、絶対に同じ行動はとれないと思いました。

今は陸軍が存在するわけでもないのに、なぜ政治家は、党の執行部や官邸に対してこれほどまでに萎縮してしまうのか。政治家として、正しいと思うところがあったら少数でも正論を言わなくてはならない。それが三木・河本派の伝統なのです。

その信念・闘争心がなくなったら、政治家は辞めなくてはなりません。今、政治家が矜持《きょうじ》を持って正義と道義のある正しい政治を次の世代に手渡せるかどうか、まさに正念場だと思っています。

むらかみ・せいいちろう　1952年生まれ、愛媛県出身。東京大学法学部卒業。河本敏夫衆議院議員の秘書となり、1986年の衆議院議員選挙にて旧愛媛2区から出馬し初当選。以後、11回連続当選。初代財務副大臣、国務大臣（行政改革・地域再生・構造改革特区担当）・内閣府特命担当大臣（規制改革・産業再生機構担当）などを歴任。2012年に衆議院政治倫理審査会会長に就任。自民党総務10期。現在、自民党海運・造船対策特別委員長、四国ブロック両院議員会長、愛媛県連会長、税制調査会副会長。主著に『自民党ひとり良識派』（講談社）、『宰相の羅針盤』（東信堂）など。

第七章

権力に酔った「官邸の暴走」が招いた茶番政治

前川喜平（元・文部科学事務次官／現代教育行政研究会代表）

元文部科学事務次官の前川喜平氏。当時の菅政権がいかに官僚と政治家の間に深いミゾを作ってしまったのか。本来あるべき官僚と政治家の関係を語る（2024年3月）。

・　・　・

第二次安倍政権以降、「強すぎる官邸」の意向が行政のプロセスをきわめて不公平な形に歪めたことが発覚した。2017年5月、加計学園の獣医学部の新設において「総理のご意向」文書が本物であることを証言し、行政が歪められた実態を告発したのが、元文部科学事務次官の前川喜平氏だ。この告発と前後して、前川氏の「出会い系バー」通いを読売新聞が社会面で大きく報じている。この官邸からのリークが疑われる露骨な前川潰しに歩調を合わせるように、前川氏を「地位に恋々としがみついた」と人格攻撃した菅義偉官房長官（当時）だったが、のちに文書は文科省が作成した本物であることが判明する。「あったものをないとは言えない」という前川氏の告発は森友学園、桜を見る会問題とともに、安倍政権の足元を大きく揺さぶった。かつての文科省エリートは今の自民党政権の姿に何を思うのか。

（取材日：2021年8月25日）

——前川さんが文部省に入省されてから十数年間は、55年体制の下で自民党が長く政権を担っていました。当時は自民党をどう評価していましたか？

前川　私が役人になった1979年は、大平正芳内閣の時代でした。戦後保守政治の本流の人たちが政権を担っていたわけですが、いろんな境遇の人たちにも目を配る政治が行われていたと思います。

55年体制が崩れ、1993年には政権交代がありました。その後に起こった合従《がっしょう》連衡《れんこう》を通じて自民党も変質していったのだと思います。ですが、羽田孜《つとむ》内閣が総辞職したあとに、自民党、社会党、新党さきがけが連立政権を発足させた頃までは、まだ古きよき自民党を保っていたと思います。

——具体的に、古きよき自民党とは。

前川　自社さ連立政権で、私は与謝野馨《かおる》文部大臣の秘書官を務めていましたが、今も記憶に残っている与謝野さんの言葉があります。「君たちは、自民党と社会党が組んで連立政権をつくるなんて、夢にも思ってなかったろう。しかし、自民党と社会党はそんなに違う政党じゃないんだ。実は社会党が主張してきた政策を取り入れながら、自民党は生き延びてきたんだ」というものです。

与謝野さんは「自民党は、実は社民主義政党なんだ」とも言っておられました。社会福祉をより充実させて国民に富を配分し、誰もが幸せに暮らせるようにする政党という意味です。「みんなが不満を持たないように、あらゆる人に目配りしながら、誰もがしんどい思いしないようにしていく。これが政治なんだ」という趣旨の発言でした。いわゆる古きよき自民党はそういう政治をやってきたわけです。

規制緩和や民営化など「新自由主義」を志向する中曽根康弘首相が登場したあとも、自民党はそのまま中曽根路線一色には染まりませんでした。保守本流かつハト派と言われる宮澤喜一さんや河野洋平さんが総裁を務めるなど、党の体制に「振り戻し」があった。中曽根さんなどはいわゆる傍流だったと言えるのですが、徐々に昔の保守本流のほうに戻らなくなっていきます。経済政策で言えば、新自由主義で小さい政府志向になり、外交・防衛・教育政策では国家主義が強くなっていきました。

国家主義的な教育政策を推進したがる政治家は改憲派と重なります。かつて、河野洋平さんが総裁だった頃は、綱領から憲法改正を外そうという議論もあるくらい、自民党にも護憲派が存在していました。しかし、今はもう自民党内の護憲派はほとんど消滅しました。「9条を守れ」などと言おうものなら、「お前は自民党員か！」と追及されてしまうような政党になっています。

小泉政権下では、まだまっとうな議論が可能だった

――「古い自民党をぶっ壊す」というフレーズで国民から高い支持を得たのが小泉純一郎元首相でした。

前川　小泉政権以降、「政治主導」の傾向が強くなったのは事実です。とはいえ、今のように官僚が意見を言えずに萎縮するなどということはありませんでした。

小泉政権の時、「義務教育費国庫負担制度を廃止しろ」という議論が文科省を標的にして巻き起こったことがあります。当時の私は、この義務教育費国庫負担金3兆円の予算を扱っている初等中等教育局財務課の課長でした。この負担金は、日本のどこにいても一定の義務教育が受けられるようにするために公平に分配するものです。予算額は大きくても、それを使って官僚が権力をふるうようなことはできませんから、箇所づけができて支出する側に裁量がある補助金とは本質的に異なります。

ところが、この負担金に対し、「これは余計な国の関与である。文科省が地方の自由を奪っている」と難癖をつけられたわけです。

――「税金の無駄遣いを減らせ」という当時の流れでしょうか。

前川　小泉内閣は「国庫補助金・負担金の廃止・縮減」「税財源の移譲」「地方交付税の見直し」という「三位一体の改革」を錦の御旗にしていました。この話は、中央政府の地方への影響力を少なくするという流れで出てきました。私自身、地方分権には反対ではありません。しかし、この義務教育費国庫負担金が中央集権の弊害になっているかというと、けっしてそのようなことはないと思っていました。むしろ、教育の機会均等という人権を保障するための大切な仕組みだと思っていたので、正面切って抵抗しました。今は休刊した雑誌『月刊現代』で、「三位一体の改革が義務教育の格差を生んでしまう」と反対の論陣を張ったりもしました。自分の名前を出して政府の方針を大っぴらに批判したのです。言ってみれば小泉構造改革に弓を引くようなことをやったわけですが、人事で報復されるなんてことは、もちろんありませんでした。その後も私は順調に出世していったわけですから。今なら、あっという間に左遷されていたはず。その意味では、私のような人間が文部科学省において事務次官になっていたことが、菅さんからしてみれば想定外だったでしょうね。

つまり、小泉政権下において徐々に「政治主導」の傾向が強くなってはいましたが、それでもまだ各省それぞれに主張し、官僚も言いたいことが言えたのです。そして、その主張にきちんと耳を傾ける政治家も少なからずいました。

その意味で立派だったのが、文部大臣や自治大臣を歴任した保利耕輔《こうすけ》さんです。「義務教育費国庫負担制度を廃止しろ」という議論になった時、保利さんは総務省と文部科学省、両方の役人からそれぞれの言い分を丁寧に聞いていました。そして、自分の頭で熟慮した結果、「義務教育費国庫負担金はなくすべきではない」という結論に至ります。

一度結論を出したあとは、猛然とご自身の主張を訴えていましたね。保利さん個人で専用のリーフレットをつくって自民党議員に配布するなど、小泉構造改革に逆らうようなこともやったわけです。2000年代初頭までは、自民党の中でもこうした議論が十分にできた時代でした。国庫負担金については、結果として一部削減にはなりましたが制度は残せました。

自治税務局長の左遷は霞が関に知れ渡った

——2014年に発足した「内閣人事局」についてはどうお考えですか。

前川　内閣人事局が、安倍・菅政権の官僚支配を強めたのは事実だと思います。とはいえ、それまでも、局長以上の人事は閣議にかけることになっていました。任命権者は各省の大臣でしたが、官邸の了解をもらわなければ人事ができないというのは、2014年に始まったことではありません。

内閣人事局によって、中央省庁の部長・審議官以上の600人を超える官僚の人事を一括管理するようになりました。その結果、局長以下の中堅官僚にも官邸の意向を忖度する文化が広がったということは言えるでしょう。

しかし、制度の問題以前に、霞が関の官僚集団が〝私兵化〟してしまったのは、菅さんという個人に負うところが大きいと思います。「自分の言うことを聞く人間だけを取り立ててやる。言うことを聞かない人間は飛ばす」という人事が繰り返して行われた。彼が長きにわたって官房長官のポストにいたという事実が大きいと思います。

菅さんの著書『政治家の覚悟』（文藝春秋）を読んでいると、至る所に「私は人事で官僚を支配してきた」と自慢話のように書いてあるわけです。官僚機構を人事で支配するポリシーをそもそも彼は持っているのです。

菅さんはあるインターネット番組で「官僚は、最初は抵抗するけれども、そのうち抵抗できないとわかると逆に協力的になる」と言っています。そういった成功体験を積み重ねてきているので、どんなに無理なことを言っても最終的に「官僚は操縦できる」と思っているのでしょう。

――強権的に支配されると、官僚も知恵を出そうという気がなくなるのでは。

前川　その意味では「ふるさと納税」の問題点を指摘した総務省の平嶋彰英さんの左

遷人事の影響は大きかったでしょう。ふるさと納税は当時総務大臣を務めていた菅さんの肝いりで2008年に創設されました。2014年、官房長官となっていた菅さんは、ふるさと納税の控除の上限を倍増するように指示を出します。これに対し、当時、自治税務局長だった平嶋さんが懸念を示したのです。

そもそも、返礼品目当てのふるさと納税というのは、どう考えてもおかしい制度だったのです。官制通販のようなことになってしまうのは明白でした。第一、課税最低限以下の生活をしている人には何の恩恵もありません。高額所得者ほど、ふるさと納税で食費が浮きますよ、というような逆進性のある制度であるうえに、地方税体系も大きく歪めていた。

そういった状態を危惧して、平嶋さんは「このまま拡大するのはいかがなものですか」と異を唱えたわけです。しかし、真っ当な政策論を唱えた平嶋さんが、2015年に自治税務局長から自治大学校長に飛ばされます。彼は、本来であれば、次は自治財政局長になっているはずの人でした。財政局長の次のポストは総務事務次官ですよ。この平嶋さんの左遷は霞が関に知れ渡りました。

平嶋さんは報道陣の取材に対し「私は意見を言ったけれども、最終的には菅さんの意思には従った。それでも左遷された」と発言しています。「異論を言うと更迭される」という評判が広まって、次第に官僚も新しい政策を出さなくなっていったのだと思います。菅さんは結局、政治主導の実現ではなく、自分の権力を維持・拡大することしか頭になかったのではないかと思います。

一つの嘘を守るために塗り重ねられる虚偽答弁

――制度改革の視点から見ると、政治主導は、官僚主導の政策に不満を持った国民が求めた形でもありましたが、仕組みを逆手にとって悪用することも可能だった。そのひとつが加計学園問題だったということでしょうか。

前川　加計学園問題は政治主導ではなく、政治権力の私物化です。行政の筋を曲げて、安倍さんが自分の友達のために特別に獣医学部をつくれるようにしてあげたという非常にわかりやすい話です。

文科省と愛媛県には、行政の筋を曲げた事実を裏付ける証拠が残っています。2017年5月17日、「総理のご意向だと聞いている」という2016年の内閣府の発言を、文科省が記録として内部文書にしていると朝日新聞がスクープしました。その後、萩生田官房副長官（当時）が「総理は平成30年（2018年）開設とおしりを切っていた」と文科省の高等教育局長に伝えた文書が残っていたことも明らかになります。「加計学園に獣医学部をつくらせろ。しかもそれは2018年4月まででなければいけないんだ」ということまで安倍首相（当時）は注文を付けていたのです。

愛媛県に残っている文書からは、2016年までの経緯もわかります。その文書のひとつでは、2015年2月25日、加計学園の理事長である加計孝太郎さんと安倍さんが15分程度面談したと記されていました。この文書が見つかる以前の国会答弁では、安倍さんは「（加計学園理事長が）私に獣医学部をつくりたいと話したことは一切ない」と答弁していました。しかし、この文書には加計理事長の説明に対して安倍さんが「そういう新しい獣医大学の考えはいいね」と応じたことまで書いてあるわけです。

それだけではありません。2015年4月、加計学園の事務局長が今治市と愛媛県の役人を連れて官邸に行き、柳瀬唯夫元首相秘書官と面談していた記録も残っています。愛媛県の文書には、その時に柳瀬さんが「本件は首相案件」と言ったと記録されていました。地元の自治体に「もっと協力しろ」とハッパをかけていたわけです。

――その後、政府は一連の文書の存在は認めました。それでも安倍さんは「加計学園の計画を知ったのは２０１７年１月だ」と主張されています。

前川　それは建前上、「内閣府が今治市で獣医学部を開設可能な1校を募集したが、手を挙げたのは加計学園だけだった」というストーリーになっているからです。この公募が確定したのが２０１７年1月20日なので、安倍さんは「そのときに初めて知った」と主張しているわけです。

愛媛県の文書に書かれた内容が事実ならば、安倍さんの国会答弁は嘘だということになります。しかし、安倍さんや加計さんは愛媛県文書にある２０１５年2月25日の面談について「そんな面談はしていない」と主張しています。

文書の存在は政府も認めているが、書いてある中身は事実ではないという主張です。では、なぜそんな事実ではない記載があるのだという問いに対しては、「加計学園の渡辺良人事務局長が愛媛県に対して虚偽の報告をしたからだ」と説明しています。

取材陣に「なぜそんな嘘を言ったんだ」と問いつめられた渡辺事務局長は「その場の雰囲気で、ふと思ったことを言った」と話していますが、どう考えても、そんなわけはないでしょう。ふと思って言えるような話ではありません。

その後、加計理事長も会見しましたが、ありもしない面談があったかのように愛媛県に虚偽報告したから、コンプライアンス違反で渡辺事務局長を減給処分にしたと発表しました。茶番もいいところです。

ライバルの参入を阻むために内閣府が加えた2条件

――最終的に公募で手を挙げたのは加計学園だけでしたが、候補として検討されていた大学は他にもあったのですか？

前川　京都産業大学も名乗りをあげていたということが、後《のち》にわかりました。まともに審査していれば京都産業大学が選ばれていた可能性が高かったでしょう。当時は詳しく知りませんでしたが京産大も学部新設を準備していて優れた計画を持っていました。鳥インフルエンザ研究で実績がありましたし、ノーベル医学生理学賞を受賞された山中伸弥教授が所長を務める京都大学iPS細胞研究所との連携も計画にありました。再生医療の技術を獣医学の世界に応用するという構想です。国際的な競争力という点で見れば、むしろ京産大のほうが条件を満たしていた可能性があると思います。

ところが、京産大が関心を示しているという情報は前からありましたが、具体的な獣医学部新設の計画を出してきていて、政府の特区ワーキンググループがヒアリングまで行っているというような事実は、文科省も農水省も知らされていませんでした。つまり、内閣府の中だけでヒアリングして、そこで潰してしまったわけです。その間、京産大を排除するための条件が内閣府によって加えられました。

ひとつは「広域的に」獣医師系養成大学などが存在しない地域に限る、という条件です。「広域的」という文言を入れることによって、近畿地方には大阪府立大学に獣医師養成コースがあるため、隣の京都府ではつくることができないという話になり、京産大を排除しやすくなりました。一方、加計学園のある四国には、ひとつも獣医学部がありません。

もうひとつは、「総理の意向」と重なりますが、「2018年4月開設可能なものに限る」という条件を付けたのです。京産大が諦めざるをえなかった最大の理由は、この開設期限があったからでした。この条件が提示されたのが2017年1月です。たった1年で獣医学部の準備ができるわけがありません。つまり、あらかじめ、開設認可が下りるとわかっていなければ、とてもじゃないが準備が間に合わないのです。

しかし、加計学園は間に合わせることができました。正式公募の結果を待たず、自信を持って施設をつくり始めていたからです。なぜ、確実に認可がもらえるとわかっていたのでしょうか。総理が約束していたからではないのでしょうか。

確実に認可が取れるとわかっていたから施設の準備もどんどん進められたし、教員を集めることもできたのではないでしょうか。

「自分たちが国を動かしている」という官邸官僚の驕《おご》り

――今治市は2015年6月に国家戦略特区の申請をしていますが、この時点では加計学園の思惑どおりに進まなかったようですね。

前川　今治市が特区申請をした時点では、閣内での意見が割れていました。慎重な姿勢を貫いていたのが石破茂さんです。石破さんが地方創生担当相兼国家戦略特区担当だった2015年6月、閣議決定で認可の前提となる4条件が設定されました。これは「石破4条件」とも言われています。（1）既存の獣医師養成でない構想が具体化し（2）新たな分野のニーズがある（3）既存の大学が対応できない（4）獣医師の需給バランスに考慮する、という4つの条件です。

それから1年以上、石破さんが担当大臣を務めている間は進展がありませんでした。しかし、2016年8月の内閣改造で担当大臣が山本幸三さんに交替すると、一気に認可に向けて動き出しました。審査をした側は一点の曇りもない審査をしたと主張していますが、加計学園は本当にこの4条件を満たしていたと思いますか？

そもそも、加計学園は2007年から構造改革特区制度を使って獣医学部の新設を15回も申請していたのですが、すべて門前払いされていました。しかし2015年以降は国家戦略特区での新設を目指すように方針転換しています。

この知恵を出したのは、和泉洋人《いずみひろと》首相補佐官だと私は考えています。和泉さんは特区制度の隅から隅まで知っている方なので、方針転換を助言されたのではないでしょうか。和泉さんは国土交通省出身で、麻生政権だった2009年7月に内閣官房の地域活性化統合事務局の局長に就任しました。以来、政権交代が2回起こりましたが、民主党政権の時も含めて、ずっと政権の中枢に座り続けています。あの人のすごさは、政治家に網の目のような人脈を張っていて、与野党問わずさまざまな政治家と個人的な関係をつくっているところにあります。

民主党政権で平野博文さんが文科大臣になった時、和泉さんが直接大臣に電話をかけて、事務レベルで進めていた特区制度の廃止をひっくり返したこともありました。当時の文科省は、学校法人ではなく株式会社による株式会社立学校の特区制度について、教育の質の確保という点から考えても弊害が大きいため、廃止にすべく動いていました。ところが、和泉さんは私たちの頭越しに大臣のところに行き、いったん是正措置を求めた上で廃止に持って行こうと平野さんの了解を取ってしまったのです。

和泉さん自身は、確固たる政治理念があるというよりも、政治権力側にいたいという気持ちが強いのではないでしょうか。だから政権交代が起きても生き残る。もし仮に自民党政権が倒れて、野党連合政権ができても、官邸の中で生き残る可能性があると思います（和泉洋人首相補佐官は岸田内閣発足に伴い退任している）。

――与野党問わず、和泉さんがなぜそれだけの存在感を発揮できるのでしょう。

前川　政治家にとって使い勝手がよいのでしょう。いろいろな問題が起きても、どうにか解決してくれと頼めば、本当になんとかしてしまう。ちょっと無理だと思われるようなことでも、和泉さんはなんとか形にしてしまう能力に長《た》けています。加計学園の獣医学部新設もかなり無理筋な話でしたが、国家戦略特区制度を使って押し通してしまったわけですから。

――そういった官邸官僚のモチベーションはどこにあるのでしょう。

前川　安倍政権では、総理秘書官兼補佐官の今井尚哉さんや内閣広報官兼補佐官の長谷川榮一《えいいち》さんなど、経産官僚が多くいました。今井尚哉さんは、「自分が影の総理だ」というような気分だったのではないでしょうか。日本を動かしているのは俺だ、くらいの思いがあったように思います。エネルギー政策においても、福島原発事故の反省などどこへやらで、原発輸出で日本の経済を成長させようと考えていました。これはすべて失敗しましたが。

長谷川榮一さんは対ロ外交も担当し、安倍・プーチン会談を30回近く実現させています。私も長谷川さんに「ロシアの大学と日本の大学の協力関係をもっとつくるように」と指示されたことがあります。安倍さんがモスクワでプーチンに会う時、国立大学の代表者を一人連れて行きたいから誰か選んでくれと言われ、東北大学の総長に行ってもらったこともありました。

外務省そっちのけで官邸主導の外交をやっていましたが、対ロ外交は完全に失敗だったと思います。首脳会談を繰り返すことで、北方四島が今にも返ってくるかもしれないという幻想を世の中に振りまきましたが、結局プーチンは北方四島を返す気など全然なかったことが明らかになりました。外務省は、本当に苦々しく思っているでしょう。今井さんや長谷川さんには、「自分たちが国を動かしている」という思い上がりのようなものがあったように感じます。

今井秘書官の思いつきに瞬時に迎合した事務次官

――コロナ禍での迷走は官邸と官僚の関係性の問題も関わっていますか。

前川　それはあると思います。現場を向いて仕事をしている人ではなく、官邸を向いている人のほうが人事で取り立てられるため、現場にはそぐわない、あるいは現場が混乱するようなことを平気で押し付けてくるのです。

２０２０年2月、安倍さんの突然の要請で決まった全国一斉休校は、まさに世紀の愚策と言えるのではないでしょうか。今井さんの思いつきに、安倍さんが「いいじゃないか」と乗っかった。それに対して、文部科学省がはっきり「ノー」と言えなかったのが問題でした。

２０２０年2月27日、文科省の藤原誠事務次官が官邸に呼ばれて、安倍さんから「全国一斉休校をやろうと思っている」と聞かされます。すると彼は「私もやったほうがいいと思います」と言ってしまったのです。しかし、その2日前、文科省は専門家の意見を聞いたうえでまとめた方針をすでに出していました。

「学校内に感染者が出た場合には休校を検討する。濃厚接触者が出た場合には登校や出勤を控えてもらう。地域内の学校を全部休校にすることはありうるけれども、それは感染拡大の初期の段階で検討すべき措置」といった、段階的な措置を促す考え方で、理にかなった方針でした。学校は子どもにとって学習権や生存権が保障されている場ですから、安易に閉じるべきではないのです。

しかし、その方針が打ち出された2日後に、総理大臣がいきなり「一斉休校」を言い、藤原事務次官は、文科省として出した方針を主張することもなく、あっさりと迎合したのです。おそらく担当課は相当に悔しい思いをしたはずです。専門家の意見を聞いて方針をつくって、連絡文書まで出しているのに、簡単にひっくり返されたわけですから。あの時点では、一人も感染者のいない都道府県がいくつかありました。東京都でも、島しょなど感染者が出ていなかった地域もありました。それにもかかわらず全国一斉に休校するなど、どう考えても合理性に欠ける政策です。

当時の萩生田文科大臣も、さすがに官邸に行って「本当にやるんですか」と直談判したほどです。それでもやはり押し切られてしまいました。事務次官も率先して官邸に迎合しているわけですから、まともな政策が通用せず、官邸の思いつきがストレートに現場に悪影響を及ぼしてしまう状況でした。

――今の自民党政権に対するもっとも大きな懸念は何ですか？

前川 かつての自民党は「権力は暴走する危険がある」ということを常に意識しながら権力を行使していたと思います。後藤田正晴さん、古賀誠さん、野中広務さん、宮澤喜一さんなど、日本は戦争をしてはいけないという確固たる信念を持った政治家が自民党の中にもたくさんいました。しかし、戦争を知らない世代が増え、自民党の政治家も変質してきたのだと思います。それは軍事面だけではなく、個人の権利、尊厳を虐げるような方向で権力が暴走することの怖さを知っている政治家が減ったとも言えます。

私自身も戦後生まれですが、歴史を学べば「権力の行使は抑制的でなければならない」ということがわかるはずです。権力を握るものは、恐れを知っていなければいけない。そのためにも自分自身を批判する勢力を認めなければいけないのです。

政権は、歴史や学問から謙虚に学ぶ姿勢を持つべきです。歴史を学べば権力に対する恐れが当然生まれるはずだと思うのですが、安倍さんや菅さんはきちんと勉強していなかったのかもしれません。

最終的に、官僚は政治家に従うべきです。官僚主導はあるべき形ではありません。国民主権である以上、国民に選ばれた政治家が責任を負い、権限を持つというのが、正しい民主主義でしょう。しかし同時に、官僚が専門性に基づいて自由に意見を言える環境は確保すべきです。

まえかわ・きへい　1955年生まれ、奈良県出身。東京大学法学部卒業後、1979年に文部省（現・文部科学省）入省。文部大臣秘書官、大臣官房長、初等中等教育局長などを経て、2016年に文部科学事務次官に就任。2017年1月、文科省の再就職斡旋問題で次官職を引責辞任。同年5月、加計学園の「総理のご意向」文書が正式なものだとして、官邸の介入を告発した。現在、現代教育行政研究会代表。近著に『権力は腐敗する』（毎日新聞出版）。

第八章

信念を語る政治家はなぜ自民党から消えたのか

小沢一郎（立憲民主党・衆議院議員）

1955年の結党以来、自民党が初めて下野し、政権交代が実現したのは1993年7月のことだった。新生党、新党さきがけに、日本新党や社会党などが加わった細川護熙《もりひろ》連立政権の誕生である。当時、自民党を離党して新生党を旗揚げし、政権交代を実現させたのが、現在立憲民主党の小沢一郎氏だ。2009年、民主党の鳩山由紀夫政権が誕生した時のキーマンでもある。二度の政権交代を実現したが、民主党は2012年の解散総選挙で大敗を喫し、その後は離合集散を繰り返している。二大政党による政権交代こそが政治改革を前に進めるとの信念で、50年以上にわたる政治家人生を歩んできた小沢氏は、今の自民党及び野党をどう見ているのか。

（取材日：2021年8月19日）

――2021年、コロナ禍でのオリンピック開催という不運が安倍・菅政権を直撃しました。

小沢　不運が直撃したというより、自分たちがオリンピックにしがみついたというべきでしょうね。コロナ対応を真っ先に徹底してやります、だからオリンピックは8年後に回してほしいとか、当初、いくらでも打ち出せる方策はあったはずなんです。

何よりもまず、全員無料でPCR検査をすべきでした。地方公共団体や労働組合、産業別団体などの組織を動員すれば可能だったはずです。そこで、重症の人と重症ではないけれど陽性の人を、それぞれ隔離すればよかった。病院は重症の人の治療に集中し、軽症の人は、各自治体のさまざまな施設を活用した仮設ベッドに入っていただく。そうすれば、陰性の人たちまで一緒になって日常生活をストップさせる必要はなかったのです。港湾と空港の水際対策も、初期の段階で徹底すれば抑え込めたはずだった。

それが、オリンピックありきで検査を増やそうとしませんでした。オリンピック利権を優先したために、決断を下せなかった。こういった無責任体質は何もこのオリンピックだけではありません。そして、責任を取りたくないから誰も何も決めない。このところの政治はずっとそうでしょう。

——全員が100％満足できる決断などありえませんから、どうやっても異論は出て

きます。

小沢　全会一致をよしとするのは、聖徳太子以来の日本の民主主義のスタイルでもあります。聖徳太子の定めた十七条の憲法には、第1条に「和をもって貴しとなす」とあり、最後の17条目には「事独りで断《さだ》むべからず」、つまり、決して一人で決めてはならない、と定めてあります。この全会一致の文化は、平穏無事な時には誰も傷つかない、とてもいい手法でしょう。

しかし、何かことが起きたときには、きちんとしたビジョンを示して誰かが責任を持って決めなければならないのですが、この全会一致スタイルでは、そうした意思決定が非常に難しくなる。戦前の戦争がそうでしょう。誰が決めたというわけでもなく、なんとなく仕方がない、仕方がないといって止められなくなっていきました。

――多くの人が中止を望みながら突入したオリンピックでは、その追体験をしている感じもありました。

小沢　国民のいい加減さが露呈しましたね。過半数がオリンピック開催に反対していたのに、いざ始まったら、メダルがどうだとか、やってよかっただとか、すっかり浮かれているのだから話になりません。自分自身の価値判断の基準はどこにあるのでしょうか。その時その時の状況に流されて情緒的になってしまう。とても危ういと思います。

「民のかまど」を優先するという政治理念が失われた

――そういった危うさは近年顕著になってきたということでしょうか。

小沢　いや、ずっと同じような無責任体質が続いてきたと思います。とはいえ、かつては古きよき時代、右肩上がりの高度成長の時代でしたから、多少いい加減にやっていてもボロが出ないで済んだというだけです。当時、党論を二分させながら決断を下したのは、日中国交正常化を決めた田中角栄先生と大平正芳先生くらいのものでしょう。

税収も右肩上がり、高齢化も緩やかで、外交政策においても冷戦構造の中でアメリカの庇護《ひご》の下、順調にやっていけましたから、多少の矛盾や失敗も表面化せずに済みました。所得は上がるし経済は拡大する。だから、政治家が将来のビジョンだの青写真だのを示さなくてもなんとかなってきたのです。それこそ、きちんとした明確なビジョンを示したのは「日本列島改造論」を打ち出した田中角栄先生ぐらいではないでしょうか。その流れのまま日本はずっとやってきたわけですから。

ところが冷戦が終わって独り立ちを求められたとたん、さまざまな矛盾が一気に表面化してきて、内政外交ともに行き詰まってしまった。その果てが、コロナ禍における無策ぶりだと言っていいでしょう。

――冷戦終焉後の舵取りに失敗してしまった?

小沢　そもそも本来、政治の役目というのは国民の生活、命を守ることでしょう。東京にいる人だろうが、どこの地方に暮らす人だろうが、誰であっても一定レベルの生活を守っていけるようにすること。その意味では、日本のかつての政治理念は、公平平等に主眼を置いていたんです。

それは仁徳天皇の逸話にも表れています。仁徳天皇は、皇居の高殿《たかどの》に登って、民のかまどから煙が上がっているかどうかを見たうえで租税の判断をしていた、というものです。かまどからまったく煙が上がっていなければ、民が食べるにも困る状況だということで、行政費用を削減して租税を減免し、民の生活を守った。「民のかまど」をいかに豊かにするか。これが政治の原点です。この原点は何も日本に限ったことではありません。諸外国の政治も基本の考え方はそこにあります。

ところが、これが一気に変質してしまったのが小泉政権以降でした。自由競争第一、市場原理第一、優勝劣敗という新自由主義的な考え方が蔓延し、強いものが勝ち残ればいい、となってしまいました。

国際競争力のある強い企業や生産性の高い産業が伸びていけば、そこの儲けの一部が国民にも滴り落ちてくるだろうという理論で、それまでの政治の哲学をひっくり返してしまいました。ところが、そんなしずくは一向に滴り落ちることがなく、企業が大幅に内部留保を増やしただけでした。

でも、この新自由主義の勢いは止まらなかった。すべてが競争第一のなかで進んでいき、非正規雇用が一気に増加して雇用が不安定化してしまいました。さらに、少子高齢化は大変だ、財政規律を重んじなければいけない、という掛け声とともに、増税などで国民の負担は増える一方、給付は削られました。企業も生産性の低いところはどんどん倒れています。競争力の強い企業だけが優遇されて史上空前の利益を上げている一方で、国民所得はどんどん減少していった。みるみるうちに格差が拡大し、きわめてアンフェアな社会になってしまいました。

「財政規律」という財務省の強烈なマインドコントロール

――分厚い中間層が消えてしまったという実感はたしかにあります。

小沢　小泉さんは、パフォーマンスというか、言葉がうまかったですね。「聖域なき改革」「自民党をぶっ潰す」「内閣の方針に反対する勢力は抵抗勢力だ」などと言葉でうまく世間にアピールしましたが、彼は特定郵便局と旧田中派を潰したかっただけでしょう。そして実際に、強者の論理で多くのものを壊してしまった。公平平等に主眼を置いていた自民党を、完全に変質させてしまったのです。

実際に、日本の貧困率は非常に高くなっています。さらに深刻なのは、貧困状態にある人たちが、自分たちは貧困であるという意識を持っていないため、問題を認識していないことです。あるいは、口では不平不満を言うのだけれども、選挙行動では自民党に入れてしまうという消極的な現状追認。あるいは投票にすら足を運ばない。これでは民主主義は成り立たないのです。

――しかし、現実に税収が右肩上がりの時代は終わったわけですから、一定の競争力がないものは淘汰《とうた》されてもやむなしという意識は根強いです。

小沢　しかし、日本国家に金がないなんていうのは嘘なんです。財務省を筆頭に「財政規律」ということを言い続けるものだから、世の中は、そのことだけが頭にインプットされてしまって、とにかく日本の財政は危ない、金がないのだと思い込んでいます。

しかし、ＥＵを見てください。ＥＵも財政赤字をＧＤＰ比３％以内に抑えなければいけないという財政規律でやってきたけれども、今度のコロナ禍で、そのような規律はとっぱらったでしょう。まずとにかく国民の生活を回復させなければダメだということで、財政赤字のルールを一時停止したわけです。

それなのに、日本はいまだに金がないの一点張りで、定額給付金や持続化給付金などの一時金は支給したものの、全体として社会保障をとにかく切り詰めるという方針に変わりはありません。しかし日銀をみてください。今もまだ何十兆円もの規模でジャブジャブと市場にお金を流しているでしょう。お金がないなんていうことはないんです。それをどこに流すのかが問題なのです。

財政赤字を補塡《ほてん》するための赤字国債は、財政法上認められていません。そのため特例法によって特例国債として発行しています。でも、そもそもなぜ赤字国債はダメだということになっているのか。それは、戦前、膨らむ軍事費の調達をすべて赤字国債で賄ったことへの反省からきているわけです。軍需産業は再生産をしないから、いっとき軍需景気でよくなったとしても、そこから先がありません。ところが戦前の日本は、いっときの景気で行け行けドンドンになり、破綻の道を走っていくことになりました。

そういった反省から、赤字国債には一定の制限がかけられているわけです。しかし、発行した国債が国内で消化されている限りは経済の崩壊につながることはないと言われており、実際に日本の場合、95％近くが国内で保有されています。だから暴落して、ハイパーインフレに陥るおそれも今のところはないのです。

そうした財政論にきちんと基づいて、財務省の「財政規律」というマインドコントロールに打ち克たなければならないと思っています。

つまり、「お金はある」のです。コロナ禍で疲弊してしまった社会をしっかり立て直し、セーフティネットを構築するための大胆な政策と財政出動が必要なのは言うまでもありません。

「自助」を突きつけられてなお、「お上主導」の思考停止

――しかし日本には、急激な少子高齢化という大きな重荷がありますが。

小沢　そうです。このままでいくと、日本の人口は恐ろしい勢いで減少していきます。2100年には日本の人口は現在の半分以下になるとも言われているようです。岩手県は5年間で6万8000人以上もの人口が減少しています。僕の生まれ故郷の奥州

市は人口11万4000人ほどの自治体ですが、毎年1000人以上減っているのです。このままではあっという間に半減してしまいます。

ところが、自民党にはそれでいいじゃないかという意見がある。小泉進次郎環境大臣（当時）はかつて、「将来に悲観的な1億2000万人の国より、未来に楽観的で自信を持つ6000万人の国のほうが強い」などと発言していました。僕には、にわかには信じられない発言です。人口6000万人とは、一体どのような国をイメージしているのでしょうか。首都圏に4000万人くらいいて、あとはかろうじて生き延びた自治体が全国にいくつか……といったような惨憺《さんたん》たる状況でいいということでしょうか。

ダメになる地方はダメでいいということは、政治を放棄することです。今、政治に必要なのは、少子高齢化を克服するための大胆な政策です。だから僕は枝野幸男・立憲民主党代表（当時）にも、思い切った政策を打ち出していくべきだと提案しています。何かというとみんな「金がない」と言う。そこから抜け出せない。ですが、僕は政府を見てみろと言いたいんです。政府は財政規律も何もない、いくらでも使っているじゃないか、と。使い方を間違っているのが大問題なのです。ところが、財務省のマインドコントロールはものすごくきつい。ここに縛られてしまうと、本当に必要な政策が大胆に打ち出せなくなってしまうのです。

今こそ、日本の政治の基本を思い出せと私は言いたい。仁徳天皇の逸話にあるように、もっとも優先すべきは「民のかまど」です。

――しかし、菅さんが総理就任早々に掲げた「自助・公助・共助」に象徴されるように、まずは自己責任でなんとかしないと、という空気が社会に蔓延しました。

小沢　しかし、そんな社会を招いてしまったのは、有権者自身なんですよ。国民も考えなければいけません。本来の政治主導というのは、官邸が人事で抑え込んで官僚に言うことを聞かせる、というようなことを意味しません。国民主導というのが本来の政治主導ですよ。それを主権者が忘れてはいけない。

ところが、こんな状況になってなお、「お上主導」の意識が抜けない人が少なくないでしょう。最終的には、「お上」が決めたことに従うしかないんだと思考停止してしまう。しかも、その「お上」といって頭に思い浮かべているのは、政治家ではなく官僚です。自分たちが選んだ代表ではなく、霞が関のお役人たちが決めてくれるものだと思っている。

だから、ズルズルと泥沼にはまり込んでいくと、誰も正すことができないまま、戦前の日本のように行くところまで行ってしまうのです。厳しいようですが、その責任は主権者たる国民にあります。誰かのせいにして逃げていては、民主主義は機能しなくなります。

所詮、首相の器ではなかった菅氏の混乱ぶり

――政治主導という観点で、安倍・菅政権の官僚との関係性についてお聞きしたいのですが。

小沢　官僚制の打破といって内閣人事局で官僚人事を支配したわけですが、人事を直接政治家がいじるのは、あまりいいことではありません。もちろん、すべて官僚に任せるというのは政治主導のあるべき形ではありませんから、官僚の仕事を厳正にチェ

ックして、おかしな部分を是正することは重要です。しかし、あとは当たり前の人事を当たり前にやっておけばいい話なんです。

ところが、あいつは俺に楯突くようなことを言ったとか、あいつの発言は気に入らないといった感覚で官邸が官僚の人事に手を突っ込んだものだから、秩序も規律も完全に乱れてしまいました。

そういった好き嫌いで人事に口を突っ込んだことで言うと、2020年10月に表面化した学術会議の任命拒否も大問題です。承認されていた105名の候補者のうち、あえて6名の学者を政府の判断で任命拒否した。「総合的、俯瞰《ふかん》的」と言って判断理由を明確にしていないけれど、要は、あいつの主張が気に入らないからダメだというようなことで拒否したわけでしょう。その6名の主張が気に食わないからといって、なぜ政府が学問の領域に口を突っ込んだのか。このような暴挙を放置していたら、公共の福祉のためだという詭弁《きべん》を弄して批判者を摘発するような事態につながりかねません。異論の排除を許したら、民主主義はめちゃくちゃになってしまいます。

――菅さんは官房長官時代から人事で官僚を支配した一方、安倍さんのスタイルは

少々違って見えましたが。

小沢　安倍さんのほうが菅さんよりパフォーマンスのうまさはあります。官僚との関係においても、安倍さんの場合は、彼の人柄に惹《ひ》かれて、支えようという心意気を持って一緒にやっているスタッフが何人かいました。それがいいとは思いませんが。

ところが、菅さんの周りには、そういう人材がちょっと見当たりません。官房長官時代、肝いり案件だった「ふるさと納税」の問題点を指摘した総務省幹部を「左遷」、霞が関は一気に萎縮しました。

それ以降、脅かされて強面な顔ばかり見せられてきた官僚たちは、誰も本気で菅さんを支えようと思わないのではないでしょうか。菅さんの周囲の役人たちは、余計なことを言うと飛ばされるから、黙っていただけでしょう。

――そういう状況が菅さん自身を追いつめた？

小沢　広島の平和記念式典でのスピーチ読み飛ばしにも端的に現れていましたが、当時はもう、何をどうしていいのかわからなくなっていたのではないかと思います。見ていて気の毒なほどでした。

記者会見でも「感染拡大を最優先に」などと言い間違えても、自分で全然気づかないくらいですから。脈絡がつながっていないということに気づけないほどに、頭が混乱しているのではないかと思います。首相になるべき器ではなかったんですよ。

――それでも菅さんは党総裁続投に意欲を示しました。

小沢　そんな状況になってもまだ、菅さんの求心力が保たれていた。党執行部に対する異論や批判の声はほとんど聞こえてきませんでした。常に会議ばかりしている立憲民主党もどうなのかというご批判はあるかもしれませんが、今の自民党は、かつての自民党のような党内で活発な議論を戦わせるといった気風が完全に失われてしまっています。

党内のポストが欲しいからなのか何なのか、党執行部を恐れて何ものが言えなくなっている。総裁選に出馬を決めた岸田文雄さんにしても、もっとバンバン自己主張すればいいはずなのに、はっきり言わない。彼は自分の選挙区で（衆院選の当選が）危ないわけがないのだから、もっと強気でいけるはずだと思うのですが。

10万人の選挙区からチャーチルもサッチャーも生まれた

――政治家の萎縮の原因に小選挙区制度があるのではという指摘がありますが。

小沢　すぐ、小選挙区制度が政治家をダメにしたと短絡的に言う人がいますが、それはものを知らなすぎると思います。イギリスは、日本でいうならば明治期以降、ずっと小選挙区制度でやってきています。国民投票などで改正も検討されましたが、イギリス国民は小選挙区制度の維持を選択しました。

日本の小選挙区における有権者数はおよそ30万〜50万人ですが、イギリスは全土を650ほどの小選挙区に区割りしており、ひとつの選挙区における有権者の数は10万人にも満たない。その小さな選挙区から、ウィンストン・チャーチルもマーガレット・サッチャーも出てきたわけです。選挙区が小さいから政治家の質が低くなるなんていうことはない。

肝心なのは国民自身の民主主義の成熟度です。小選挙区制度が政治家の劣化の原因だなどと言うのは、短絡的にすぎるでしょう。

――では、一体なぜ、多様な議論が自民党から消え失せて、党が変容してしまったのでしょうか。

小沢　政治家本人の資質の問題でしょう。選挙において党本部のコントロールが厳しいから、自分の意見が言えないという指摘は当たらない。なぜなら、先ほども言ったように、党本部と関係なく自分の選挙区では票が取れるという人たちも口をつぐんでいるからです。選挙に強い人たちも議論をしようとしなくなっている。

自分は何をしたいのか。そうした語るべき信念がある人は、意見をきちんと言うはずです。それは政治家の資質の問題であって、選挙制度の問題ではありません。

与党がダメならば、野党がまずは示していくべきところですね。

――強いメッセージ性を持つ政治家と言えば、近年では山本太郎さんがあげられます。

小沢　山本太郎さんは、語るべき言葉を持つ信念の政治家の一人だと言えるでしょう。語る言葉はとてもいい。しかし、現実に政治家として政権を担おうという覚悟があるのであれば、一人の言葉だけではダメです。有権者は「政権を任せられるのは、果たしてどこか」と思っているわけですから。政権を取ったら、この人の政策が実現できるかもしれない、と有権者が思えて初めて語る言葉が意味を持つのです。野党のかたまりの中でこそ、彼の言葉は大きな力を持つと思っています。大きな視野で動いてもらえたらと願っています。

――自民党に近年にない逆風が吹いていますが、野党の見通しは？

小沢　あともう少しピリッとしたら、政権が取れるでしょう。ほんのちょっとでいいからピリッとする。

今や大きなチャンスがきていますからね。北海道と長野の補欠選挙、広島の再選挙（いずれも2021年4月25日投開票）は、すべて野党候補が勝ったうえ、菅さんのお膝元の横浜市長選（2021年8月22日投開票）でも野党が大勝しました。しかし、投票してくれた人たちは立憲民主党の支持者だけではありません。自民党がダメだから、ましてや菅首相の地元は、現政権に大きく絶望しているから自民党には投票したくない、という消去法で野党が勝てただけ。そこが問題です。

立憲民主党も、朝から晩まで会議をして理屈ばかり語っているだけではダメです。総選挙では勝てません。こっちが会議している間、自民党の議員は必死になって選挙に向けた運動を展開しています。有権者と直接接触することの重要性がわかっているからです。

もちろん政策を訴えることは大切です。訴える際に、ただ単に理屈を並べるのではなくて、地元で一生懸命に訴えている姿を見せて、具体的なつながりをつくっていくことが重要。有権者は、1期目や2期目の候補者に、壮大な政策がすぐに実現できる力など期待していません。必死になって汗を流そうとしているかどうかを見ているのです。

まずは政権交代。今の自民党の劣化を嘆いているのであれば、有権者も本気でそこを考えるべきでしょう。

おざわ・いちろう　１９４２年生まれ、岩手県出身。慶應義塾大学経済学部卒業。父は弁護士、東京市議を経て衆議院議員になった小沢佐重喜。１９６９年の衆議院議員選挙にて旧岩手２区から出馬し、27歳で初当選。自治大臣、国家公安委員長、内閣官房副長官などを歴任。１９８９年に自民党幹事長。その後、自民党を離党して新生党を旗揚げ、１９９３年の衆議院議員選挙では新生党、日本新党、社会党などによる細川連立政権の樹立を実現させた。のちに自由党を結成。２００３年に民主党と合併。党代表代行として２００９年の衆議院議員選挙で民主党による政権交代を実現。その後、日本未来の党（のちに生活の党、生活の党と山本太郎となかまたち、自由党）を経て、国民民主党に合流したのち、立憲民主党の結党に参加した。

※本書は小社より刊行した宝島社新書『自民党　失敗の本質』（2021年10月）と同新書『自民党という絶望』（2023年2月）を合本・改訂し、文庫化したものです。

宝島
SUGOI
文庫

自民党 失敗の本質
（じみんとう しっぱいのほんしつ）

2024年4月17日　第1刷発行

著　者　石破 茂、村上誠一郎、内田 樹 ほか
発行人　関川 誠
発行所　株式会社 宝島社
〒102-8388　東京都千代田区一番町25番地
電話：営業 03(3234)4621／編集 03(3239)0927
https://tkj.jp
印刷・製本　株式会社広済堂ネクスト

First published 2021, 2023 by Takarajimasha, Inc.
ISBN 978-4-299-05414-2